改訂版 初めての建築積算

〈建築のテキスト〉編集委員会 編

学芸出版社

まえがき

　西日本工高建築連盟は、工業高校建築科の生徒が自主的に学習を行い、建築に関する基礎知識の修得のための手引き書となるように建築のテキスト編集委員会を編成し、「建築環境」、「建築一般構造」、「建築構造設計」、「建築積算」、「建築製図」の5巻を発刊することになった。

　内容は、工業高校建築科の生徒はもとより、専門学校、短大、大学の建築関係の学生および若い実務家に至るまでの幅広い読者層を考慮したものとなっている。

　「建築環境」は、建築物をとりまく自然環境と都市環境に関する基本的な要素と、その中で快適な室内環境をつくりだすために必要な方法をわかりやすく解説している。

　「建築一般構造」は、木造、鉄筋コンクリート造、鉄骨造を中心に、建築物の骨組みや仕上げの構成を、多くの図を用いてわかりやすく解説している。

　「建築構造設計」は、安全な建築物を設計するための基本的な考え方を対話形式で解説するとともに、鉄筋コンクリート造と鉄骨造の小規模なオフィスビルの構造計算書を例示して、構造計算の具体的な手順を詳細に解説している。

　「建築積算」は、建築数量積算基準にもとづく土工、躯体、仕上げの数量を、鉄筋コンクリート造、鉄骨造、木造の設計例を用いてわかりやすく解説している。

　「建築製図」は、木造と鉄筋コンクリート造の各種図面の作図順序を色分けをして示し、はじめて建築図面を描く場合の基本事項をわかりやすく解説している。

　最後に、本シリーズは、日頃建築教育にたずさわる本連盟の会員が知恵を出し合い、多くの図版を用いて初学者の皆さんが楽しく学べるように工夫し、編集したものである。皆さんが多少の努力をおしまず根気よく学べば、建築に関する基礎的知識が必ず修得できるものと確信している。

　発刊にあたり、貴重な資料の提供と適切な助言を賜った関係各位に深い謝意を表するとともに、出版を引き受け積極的な援助をいただいた㈱学芸出版社社長をはじめ、編集部の諸氏に厚くお礼申し上げます。

建築のテキスト編集委員会

目 次

まえがき　2

1章 積算の概要　6

1・1 積算の種類　6
1 概算積算　6
2 明細積算　6

1・2 工事費の構成　8

1・3 積算方式　10

1・4 数量の計算　12
1 数量計算の流れ　12
2 数量の種類　14
3 単位と数値　14
4 積算の区分と順序　16

2章 土工・地業　18

2・1 積算の区分と順序　18
1 積算の区分　18
2 積算の順序　18

2・2 設計例　18

2・3 土工の数量　18
1 土工の細目　18
2 数量算出の共通事項　18
3 各部の数量　20

2・4 地業の数量　28
1 地業の細目　28
2 地業の数量　28

3章 鉄筋コンクリート造の積算　32

3・1 積算の区分と順序　32
1 積算の区分　32
2 積算の順序　32

3・2 設計例　32

	1	設計例の概要	32
	2	使用材料	32

3・3 コンクリート数量 ··· 36

	1	コンクリート数量の表示例	36
	2	基礎（F）	36
	3	基礎梁（FG）	38
	4	柱（C）	38
	5	大梁（G）、小梁（B）	40
	6	床板（スラブ：S）	40
	7	壁（W）	42
	8	階段	42
	9	その他	44

3・4 型枠の数量 ··· 46

	1	型枠数量の表示例	46
	2	基礎（F）	46
	3	基礎梁（FG）	48
	4	柱（C）	48
	5	大梁（G）、小梁（B）	50
	6	床板（スラブ：S）	50
	7	壁（W）	52
	8	階段	52
	9	その他	54

3・5 鉄筋の数量 ··· 56

	1	鉄筋の定着・継手・フックの長さ	56
	2	鉄筋数量の表示例	58
	3	基礎（F）	58
	4	基礎梁（FG）	58
	5	柱（C）	62
	6	大梁（G）、小梁（B）	66
	7	床板（スラブ：S）	70
	8	壁（W）	74
	9	階段	76
	10	その他	80
	11	鉄筋の集計表	80

4章 鉄骨造の積算　84

4・1 積算の区分と順序　84

1 積算の区分　84

2 積算の順序　86

4・2 鉄骨の数量　86

1 鉄骨の細目　86

2 鋼材の数量　86

3 鋼材の欠除部分　86

4 補助材の寸法　86

5 ボルトの数量　86

6 溶接　88

7 設計数量の割増し　88

4・3 設計例　88

1 設計例の概要　88

2 使用材料　88

5章 木造の積算　120

5・1 積算の区分と順序　120

5・2 設計例　120

5・3 土工事・地業工事　124

1 土工事の数量　124

2 地業工事の数量　126

5・4 躯体工事　130

1 基礎工事の数量　130

2 木工事の数量　134

5・5 仕上工事　156

1 屋根工事の数量　156

2 左官工事の数量　156

3 塗装工事　160

4 金属工事の積算　162

5 建具工事・ガラス工事の数量　164

6 タイル工事の数量　166

7 内装工事の数量　166

8 雑工事の積算　168

索引　172

1 積算の概要

　私たちが何かをつくろうとする場合、それに必要な材料の種類や数量、金額などをあらかじめ調べておくと、何かと便利で計画的に事が運びやすい。このように、事前にその計画を実現するために必要な各項目の数量を積み上げて計算し、それにかかる費用を算出する作業を積算または見積りという。

　建築の分野では、**設計図や仕様書などの設計図書に基づいて工事費を算出し**、予測することを積算といい、さらに、設計や施工の段階で予算内に納まるように各工事費を調整したり、完成後に実際の工事費を分析したりすることなども含まれる。

1・1　積算の種類

　積算は、建築物を企画・設計・施工していく各過程の中で、それぞれの目的および内容により表1・1のように、概算積算と明細積算とに区分して行われる。

❶　概算積算

　概算積算は、建築物の企画や計画の段階で、**大まかな工事費を予測すること**を目的とする場合に用いられ、**工事費が短期間で予測できる**ことが特徴である。

　手法としては、次のようなものが多く用いられ、いずれも過去に建築された類似の建築物の工事実績を分析して、信頼性の高い資料をもとに予測される。

　①単位面積当たり

　　図1・1(a)のように、**延面積に対して単位面積当たりの費用を乗じて**算出する方法である。

　②単位設備当たり

　　図1・1(b)のように、**建築物の使用目的・機能などを代表する単位で工事費を算出する**方法である。学校の場合、生徒1人当たり、病院では1ベッド当たりを単位とする。

❷　明細積算

　明細積算は、建築物の設計段階や工事の実施段階などで、**詳細な工事費を予測すること**を目的とする場合に用いられる。

　手法としては、設計図書に基づいて、**建築物を構成する各部分の数量を各工事区分ごとに細かく拾い出して**、これに単価を乗じて各工事費を算出し、それを合計して全体の工事費を求める。

表 1・1 積算の目的と種類

		業務の内容	積算の目的	積算の種類
企画		建築物の構想 敷地の選定 建築資金の準備・確保	予算計画の立案	概算積算
設計		測量・諸調査 略設計 基本設計 予算に見合う設計の検討	工事費概算書作成	概算積算
		実施設計	工事予算書作成	明細積算
施工	建築請負者	工事受注のための積算	入札価格の算出	明細積算
		工事実施のための積算	実施予算の算出	
	職別専門	職別部分工事実施のための積算	実施予算の算出	明細積算

(井上司郎他著『建築施工　改訂版』(実教出版)による)

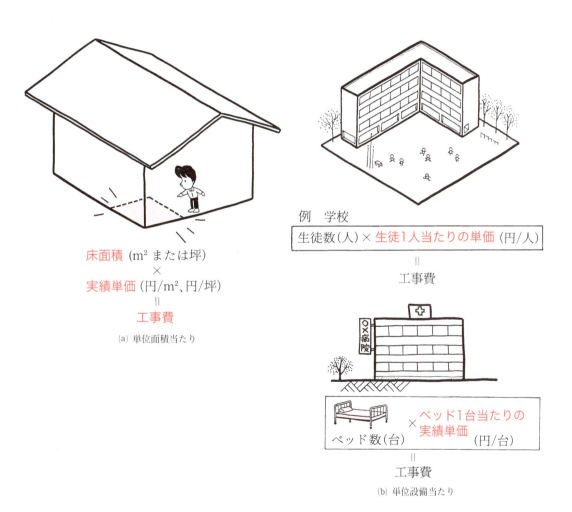

図 1・1　概算積算の手法の例

1・2 工事費の構成

明細積算で求められる建築物の工事費は、図1・4のように構成される。

1) 直接工事費

直接工事費とは、図1・2のようにコンクリート工事や型枠工事などの各工事を行うために直接必要な材料費や仮設費、人件費などの他、その工事を行う下請会社の経費を含んだもので、工事費を算出するうえで最も基本となる費用である。

2) 総合仮設費

総合仮設は共通仮設ともいい、図1・3のような工事全般および複数の工事で共通して必要な仮設費で、図1・5のような項目がある。

3) 諸経費

諸経費には、現場経費と一般管理費等配賦額があり、表1・2のように構成される。

①現場経費　建築工事現場の管理運営に要する費用のことである。

②一般管理費等配賦額　建設会社の本・支店、営業所などの経費の他、営業活動に伴って得る利益が含まれる。これを一般管理費といい、各工事で分担する額を一般管理費等配賦額という。

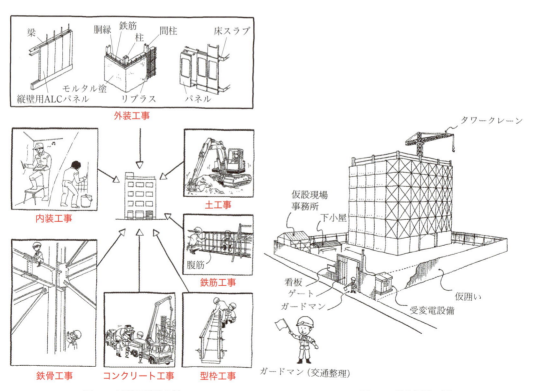

図1・2　直接工事費の例　　　　　　　　図1・3　総合仮設の例

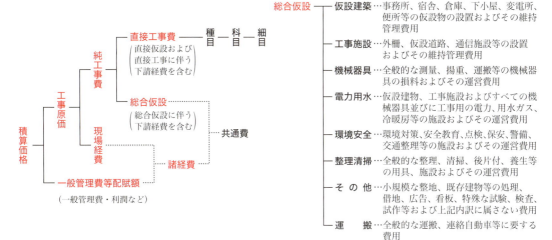

図1・4 工事費の構成（井上司郎他著『建築施工 改訂版』[実教出版]による）　図1・5 総合仮設費（建設工業経営研究会「建築工事内訳書標準書式」による）

表1・2 諸経費の例

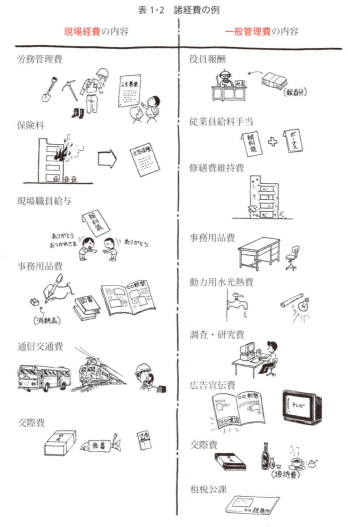

1章 積算の概要

1・3　積算方式

明細積算の方式には、直接工事費を求める科目の扱い方により、次の2種類がある。

1) 工種・工程別積算方式

工種・工程別積算方式とは、図1・6に示すように職種や工程で分けた方式で、現場の施工に直結した科目で構成され、一般に工種別内訳といわれる。また、この科目の中の細かい分類を細目、細目にわたって作られた内訳書の形式を細目別内訳といい、工事の最小単位となる。工事費は、細目で数量を詳細に拾い出し、適切な単価を乗じて金額を出して清算し、表1・3のように科目ごとに集計して合計することで算出される。本書では、一般的によく用いられているこの方式について述べる。

2) 部分別積算方式

部分別積算方式とは、図1・7に示すように、建築工事のコストについて、まず大科目として五つの部分に分類し、さらに中科目として科目構成を行い、それらの部分の集合体として建築物全体のコストを把握する方法である。したがって、部分をとらえる単価をできるだけその部分の下地から仕上げまでを含めて合成された価格（合成単価）で表示するという点が大きな特色である。

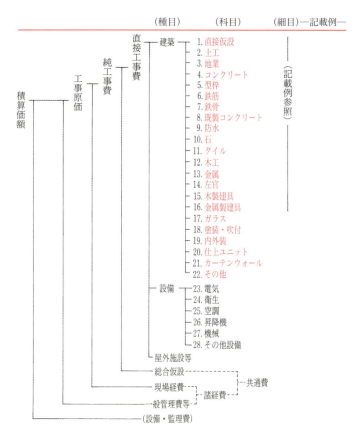

図1・6　工種・工程別積算方式の構成（建設工業経営研究会「建築工事内訳書標準書式」による）

表1・3 科目内訳書記載例（種目内訳書がある場合）（建設工業経営研究会「建築工事内訳書標準書式」による）

名称	摘要	数量	単位	単価	金額	備考
Ⅰ 建 築						
1. 直接仮設		一式			××	
2. 土工		一式			××	
3. 地業		一式			××	
4. コンクリート		一式			××	
5. 型枠		一式			××	
6. 鉄筋		一式			××	
7. 鉄骨		一式			××	
8. 既製コンクリート		一式			××	
9. 防水		一式			××	
10. 石		一式			××	
11. タイル		一式			××	
12. 木工		一式			××	
13. 金属		一式			××	
14. 左官		一式			××	
15. 木製建具		一式			××	
16. 金属製建具		一式			××	
17. ガラス		一式			××	
18. 塗装・吹付		一式			××	
19. 内外装		一式			××	
20. 仕上げユニット		一式			××	

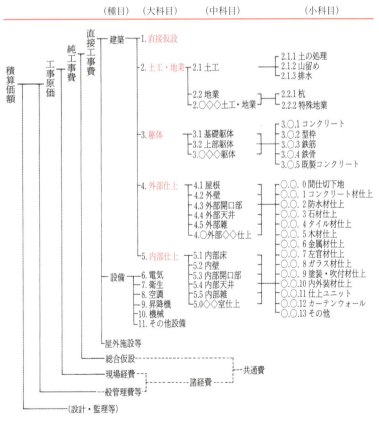

図1・7 部分別積算方式の構成（建設工事経営研究会「建築工事内訳書標準書式」より）

1章 積算の概要　11

1・4 数量の計算

　積算業務を作業工程の面からみると、「数量拾い」と「値入れ」に大別される。特に数量拾いは積算業務の中で約80%を占める重要なパートとなる。

◖1◗ 数量計算の流れ

　積算作業は、図1・8に示すように数量を拾い出し、数量書を作成する「数量拾い」の部門と拾い出した数量に単価を乗じて金額を出す「値入れ」の部門とに分けられる。

1）数量拾い

　数量拾いとは、建築物を建てるのに必要な材料の数量を設計図より拾い出すことである。数量拾いを効率的に行い、そして要求を満足するような数量書を作成するには、数量の計測・計算や表示の方法が統一されなければならない。そのような観点から作られたのが「建築数量積算基準」（建築工事建築数量積算研究会）で、本書の数量積算は、これに準じている。

2）値入れ

　値入れとは、数量書に単価を入れることをいう。単価の種類や決め方については多種多様な方法があり、できるだけ客観的に判断できるものを用いるようにする。

　　①単価の種類

　　　単価の種類には、次のようなものがある（図1・9）。

　　　材料費………材料そのものの値段であるが、現場までの運搬費を含める場合が多い。

　　　労務費………鉄筋工・大工などの工賃である。1人工何千円として表すこともあるが、通常はまとめて一式として細目にする。

　　　複合費………材料費、労務費の他に、工具類の損料および下請経費などをまとめたもので、材工単価ともいわれる。

　　②単価の決め方

　　　単価情報の入手方法については、発注者と受注者とではそれぞれの立場で異なるのは当然であるが、客観的単価の判断資料として多く用いられている単価資料（図1・10）には、市場単価と歩掛り単価がある。

　　　市場単価……各種物価版などから求めるものである。設計内容、施工条件などが物価版に記載されている資料内容（図1・11）の条件と異なるので、十分照合して用いる必要がある。

　　　歩掛り単価…単位当たりの工事に必要な材料数量および労務の必要人数を歩掛り表（表1・4）などから推定し、単価を乗じて求める計算単価のことである。

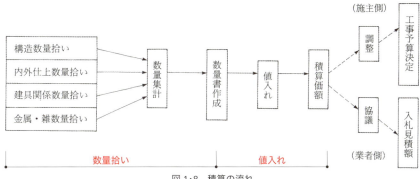

図1・8 積算の流れ

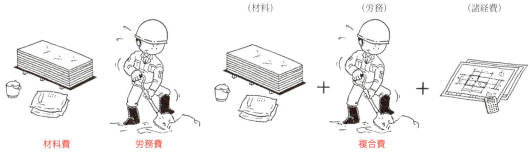

図1・9 単価の種類

図1・10 単価資料

表1・4 歩掛り単価の例

名称	摘要	単位	主要材料 品名	数量	単位	主要労務 職種	人数(人)
平やり方		箇所	くい丸太 ぬき くぎ	2.0 0.005 0.014	本 m² kg	大 工 普通作業員	0.07 0.09
すみやり方		箇所	くい丸太 ぬき くぎ	3.0 0.01 0.025	本 m² kg	大 工 作業員	0.10 0.14
水盛り・やり方		建築面積 m²	くい丸太 ぬき くぎ	0.14 0.004 0.001	本 m² kg	大 工 作業員	0.006 0.010
単管本足場		掛け面積 m²	足場パイプ 直交クランプ 自在クランプ ジョイントベース 壁つなぎ 足場板	3.06 1.44 0.09 0.53 0.04 0.03 0.17	m 個 個 個 個 個 枚	とび工掛け、払い	0.07
鋼製足場わく組足場	建わく 1200×1700 布わく 1000×1800 布板 500×1800 筋かい 1200×1800	掛け面積 m²	建わく 布わく 布板 筋かい 手すり柱 手すり アームロック 連結ピン ジャッキベース 壁つなぎ 敷板（足場板）	0.36 0.15 0.36 0.33 0.04 0.07 0.65 0.65 0.08 0.04 0.03	個 個 個 個 個 個 個 個 個 個 枚	とび工掛け、払い	0.035

図1・11 市場単価の例
（建設物価調査会『月刊建設物価』による）

(井上司郎他著『建築施工 改訂版』[実教出版]による)

1章 積算の概要

（2） 数量の種類

　積算で扱われる数量には、次のような種類があり、一般に表1・5のような工事種別に応じて用いられる。

1）設計数量

　設計数量とは、設計図に表示されている個数や設計寸法から求めた正味の数量をいう（図1・12）。大部分の施工数量がこれに該当し、材料のロスなどについては単価の中で考慮する。

2）所要数量

　所要数量とは、定尺寸法による切りむだ、および施工上のやむを得ない損耗などを含んだ数量をいい、鉄筋、鉄骨、木材などの数量がこれにあたる。所要数量は、設計数量に割増率を掛けて算出するものとし、割増率については各項を参照すること。

3）計画数量

　計画数量とは、設計図書に表示されていない施工計画に基づいた数量をいう。一般に仮設工事の足場や土工事の根切りなどの数量がこれに該当する（図1・14）。

（3） 単位と数値

　積算上の計測の単位と端数処理は、次のような方法で行う。

①長さ、面積、体積および質量の単位はそれぞれ、m、m²、m³、およびtとする。

②端数処理は、四捨五入とする。

③計測寸法の単位はmとし、小数点以下2位とする。また、計算過程においても小数点以下2位とすることができる。ただし、コンクリートおよび木材の断面寸法、全溶接構造の鋼板の短辺方向の寸法については、小数点以下3位まで計測・計算するものとし、木材の計算過程における体積については、小数点以下4位とする。なお、設計図書から得られる電子データの小数点以下2位以下の数値については、その数値を活用し、端数整理は行わなくてよい。

④内訳書の細目数量は、小数点以下1位とする。ただし、100以上の場合は整数とする。

表1・5　数量の種類

	工事種別
設計数量	砂地業・砂利地業・割栗地業・木杭・既製コンクリート杭 各種コンクリート・型枠・鉄筋加工組立（所要数量による場合もある）・鉄骨工場組立建方・ 既製コンクリート・防水・石・タイル・金属・左官・木製建具・金属建具・ガラス・塗装・内外装 ・仕上ユニット・カーテンウォール（材料数量を示す場合は所要数量）
所要数量	鉄筋（材料数量を示す場合） 鉄骨（材料数量を示す場合） 各種木材（材料数量を示す場合）
計画数量	仮設（通常は、一式で示す） 根切り・すき取り 埋戻し・盛土 残土処分

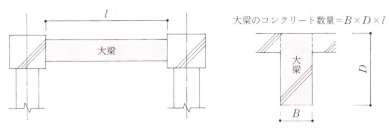

図 1・12　設計数量の例

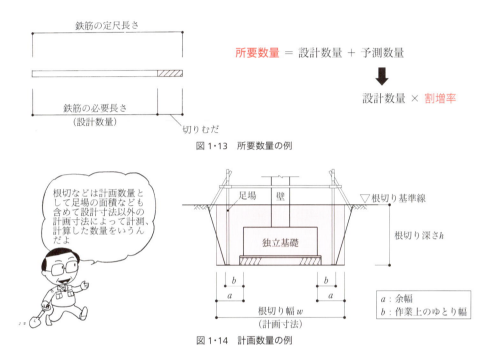

図 1・13　所要数量の例

図 1・14　計画数量の例

図 1・15　単位と数値

1章　積算の概要　　15

4 積算の区分と順序

　数量積算を効率的に行うには、建築物を部分あるいは部位に区分し、さらに区分の中の各項目に優先順位をつけ、順序よく数量を拾い出していくのがよい。

1）積算の区分
　積算の区分は、図1・17に示すように**躯体**と**仕上げ**とに区分して行う。躯体は図1・16、図1・18、図1・19に示す各部位または部分ごとに**コンクリート**、**型枠**、**鉄骨**などの数量を拾い、仕上げは、各部分ごとに各仕上げの数量を拾い出す。

2）積算の順序
　躯体の積算順序は、①**基礎・基礎梁・底盤**、②**柱**、③**大梁・小梁**、④**スラブ**、⑤**壁**、⑥**階段**、⑦**その他**の順で進める。また、部分と部分との接続については「**先の部分**」に「**後の部分**」が接続するものとして積算上の優先順位を決めている。また、同一部分が接続する場合は、断面・形状の大きい方を優先させる。

　仕上げの積算順序は、仕上げ表に記載されている場所や室ごとに、**下階から上階へ**と進めるのが一般的である。場所や室については、**床（幅木）・壁（柱形）・天井（梁形）**の順で積算する。一般に計測の順序は、**右回りの順**で行うことが多い。

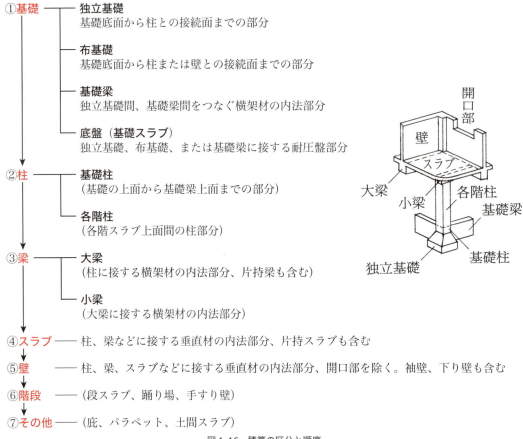

①**基礎** ─┬─ **独立基礎**
　　　　　　　基礎底面から柱との接続面までの部分
　　　　　├─ **布基礎**
　　　　　　　基礎底面から柱または壁との接続面までの部分
　　　　　├─ **基礎梁**
　　　　　　　独立基礎間、基礎梁間をつなぐ横架材の内法部分
　　　　　└─ **底盤（基礎スラブ）**
　　　　　　　独立基礎、布基礎、または基礎梁に接する耐圧盤部分

②**柱** ─┬─ **基礎柱**
　　　　　　（基礎の上面から基礎梁上面までの部分）
　　　　　└─ **各階柱**
　　　　　　（各階スラブ上面間の柱部分）

③**梁** ─┬─ **大梁**
　　　　　　（柱に接する横架材の内法部分、片持梁も含む）
　　　　　└─ **小梁**
　　　　　　（大梁に接する横架材の内法部分）

④**スラブ** ── 柱、梁などに接する垂直材の内法部分、片持スラブも含む

⑤**壁** ── 柱、梁、スラブなどに接する垂直材の内法部分、開口部を除く。袖壁、下り壁も含む

⑥**階段** ── （段スラブ、踊り場、手すり壁）

⑦**その他** ── （庇、パラペット、土間スラブ）

図1・16　積算の区分と順序

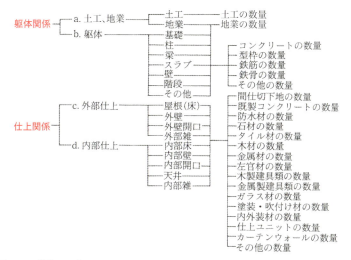

図1・17　積算の区分（赤堀弘著『基準にもとづく建築積算入門新訂第二版』[彰国社] による）

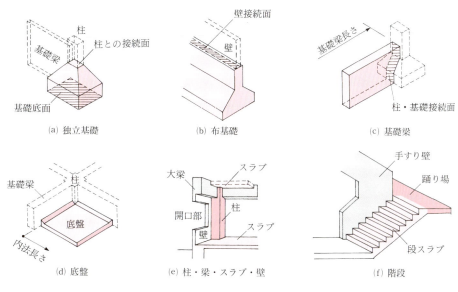

図1・18　躯体各部分の区分

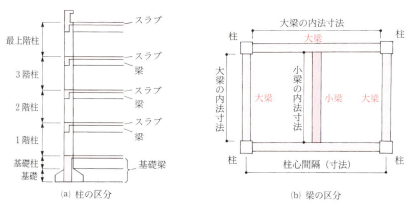

図1・19　柱・梁などの区分

1章　積算の概要　　17

② 土工・地業

　土工とは、建築物の基礎工事に関連して行われる根切り、埋戻し、盛土、建設発生土（不用土）処理などの土の処理の他、根切り側面の崩壊を防ぐ山留めおよび掘削の際に生じる湧水などの排水を含むものをいう。

　また、地業とは、既製杭、場所打ちコンクリート杭、特殊地業など、独立基礎、布基礎または底盤など建築物の底面に接続して建築物を支持する部分をいう。

　特に、鉄筋コンクリート構造や鉄骨構造などで地階のある大規模な建築物の場合は、土工・地業に膨大な費用がかかり、工事費の構成上重要な部分となるので、事前に敷地の土質や地下水の状況、周辺の建築物の状況などを十分検討する必要がある。

2・1　積算の区分と順序

❶　積算の区分

　土工・地業は、図2・1に示すような区分によって計測・計算する。

❷　積算の順序

　積算は、土工の場合、整地 ⇨ 根切り ⇨ すき取り ⇨ 床付け ⇨ 砂利敷き ⇨ 埋戻し ⇨ 盛土 ⇨ 建設発生土（不用土）処理の順に、また根切りや床付けなどでは、基礎または底盤 ⇨ 基礎梁 ⇨ 基礎小梁の順に、断面リストに示されたそれぞれの部材記号の番号の順に計測・計算する。

2・2　設計例

　本章では、図2・2、図2・3の鉄筋コンクリート構造事務所（3章の設計例）の基礎伏図および部材リストを例として、建築数量積算基準に基く数量の拾い出しを行う。

2・3　土工の数量

❶　土工の細目

　土工の細目の例を表2・1に示す。

❷　数量算出の共通事項

①土工の計算は、根切り、埋戻し、建設発生土（不用土）処理などの土の処理および山留め、排水などについては計画数量とし、砂利敷き、割石敷きなどについては設計数量とする。

②土工の計測・計算は、原則として設計地盤を基準線とする。設計地盤が現状地盤（敷地の平均高さ）と異なる場合は、現状地盤から行う（図2・4）。なお、現状地盤の高低差が極端な場合は平均地盤とすることができる。

③土砂量は地山数量とし、掘削による増加または突固めによる減少は考慮しない。

④土工について土工計画があるときは、原則としてその計画に基づいて計測・計算する。

18

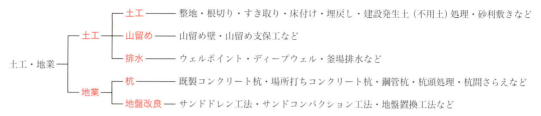

図2・1　土工・地業の区分

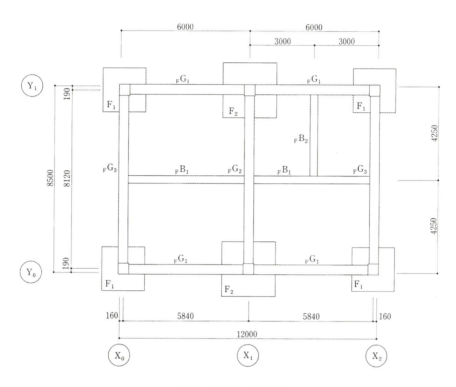

図2・2　設計例　基礎伏図

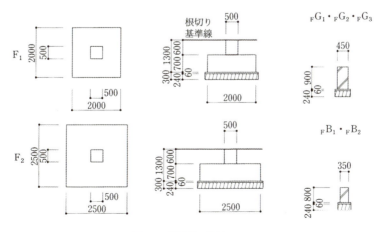

図2・3　設計例　部材リスト

(3) 各部の数量

1) 整地

　整地とは、設計地盤または現地盤にそって行われる敷地の地均しをいい、その数量は指定された範囲の水平面積とする。

　整地数量 [m²] ＝ 指定された範囲の水平投影根切り面積 [m²]　　　……………………(2·1)

　ただし、敷地が設計地盤より高い場合は、余分な土をすき取りまたは切土して設計地盤をつくり出すものとし、その数量は、敷地の設計地盤からの平均高さと指定された範囲の水平面積による体積とする。

　すき取りまたは切土数量[m³] ＝ 指定された範囲の水平投影面積[m²] × 設計地盤からの平均高さ[m] (2·2)

2) 根切り

　根切りとは、基礎または地下構築物などをつくるための土の掘削をいい、その数量は根切り側面を垂直とみなして、次式のようにその根切り面積と根切り深さによる体積とする。

　なお、根切りは、基礎・基礎ばりの構造により、つぼ掘り・布掘り・総掘りに分類する。ただし、つぼ掘り・布掘りで基礎の深い場合は、一次根切りで総掘りとし、二次根切りをつぼ掘り・総掘りとする。

　根切り数量 [m³] ＝ 根切り面積 [m²] × 根切り深さ [m]　　　……………………(2·3)

● a　根切り面積

　根切り面積は、図2·5のように基礎または地下構築物などの底面各辺の設計寸法に、各辺の左右に余幅を加えて計算したものとし、次式で求められる。

　根切り面積 [m²] ＝ 根切り幅 [m] × 根切り長さ [m]　　　……………………(2·4)

　根切り幅 ＝ $w + 2a$　……………(2·5)　　　　根切り長さ ＝ $l + 2a$　…………(2·6)

　　　w、l：基礎または地下構築物などの底面の設計寸法　　　a：余幅

● b　根切り深さ

　根切り深さ h は、図2·5のように根切り基準線から基礎または地下構築物の底面までの深さに、均し（捨）コンクリートおよび砂利地業などの厚さを加えたものをいう。ただし、地下構築物などで総掘り後の独立基礎、布基礎、基礎梁などのための根切りについては、総掘りの根切り底を根切り基準線として計測し、総掘りと区別する。

● c　余幅

　余幅 a は、原則として、表2·2に示す作業上のゆとり幅に、根切り側面を保護するための法幅の $\frac{1}{2}$ を加えたものとし、次式で求める。なお、法幅は、根切り深さに土質と根切り深さとに応ずる普通土係数 x を乗じて求められる。実際の根切りは逆四角台垂形となるが、計算を簡略化するため、左右の余幅を加えた部分を垂直に掘削するものとして算出する。ただし、根切り深さが1.5m未満の場合は、作業上のゆとり幅のみを確保する。

　余幅 $a = b + \frac{xh}{2}$　……………………………………………(2·7)

　　　b：作業上のゆとり幅　　　　xh：法幅（x：普通土係数、h：根切り深さ）

土工 ▶ 地業

表2・1 土工の細目例

名称	摘要	単位	数量	単価	金額	備考
土工						
（土工）						
整地		m³				
根切り	深さ 1.6、1.2、1.1m	m³	183.4			機械掘り
すき取り	高さ 0.08m	m³	2.7			整地は別途
床付け		m²	62.8			
埋戻し		m³	118.0			掘削土利用
盛土		m³				
建設発生土(不用土)処理		m³	68.0			
均し(捨)コンクリート		m³	3.8			
（山留め）						
山留め壁		m²				
腹起し・切張り		m				
（排水）						
ウェルポイント		m				
ディープウェル		基				
釜場排水		台				
合計						

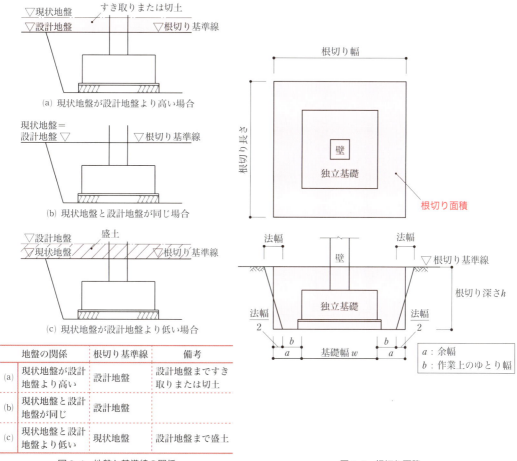

図2・4　地盤と基準線の関係　　　　図2・5　根切り面積

2章　土工・地業

なお、余幅は、各辺の左右に必要なため $2a$ となることから、

$$2a = 2\left(b + \frac{xh}{2}\right) = 2b + xh \qquad \cdots\cdots\cdots\cdots\cdots\cdots\cdots\cdots\cdots\cdots\cdots\cdots (2\cdot8)$$

となり、根切り面積の計算にあたっては、式(2·5)、式(2·6) を変形させた次式を用いるとよい。

$$\text{根切り幅} = w + (2b + xh) \quad \cdots\cdots(2\cdot9) \qquad \text{根切り長さ} = l + (2b + xh) \quad \cdots\cdots(2\cdot10)$$

● d　基礎梁の根切り長さ

基礎梁などの根切り長さは、図2·6のように独立基礎など先に掘削した部分の根切り側面から計測する。また、交差する基礎梁または布基礎の根切り長さは、深い方の根切り側面から計測する。

計算例　設計例の独立基礎 F_1 と基礎梁 $_FG_1$ の根切り数量を求める。ただし、根切りは山留めを設けないで行うものとする。

設計例の基礎伏図から図2·7、図2·8に示す根切り計画図などを描き、これに基づいて計測・計算する。

○ F_1 の根切り数量

独立基礎 F_1 の大きさは 2.00m × 2.00m。根切り深さ h は 1.60m。また、表2·2から普通土係数 x は 0.3、作業上のゆとり幅 b は 0.50m である。

F_1 は正方形であるため、根切り幅と根切り長さはともに式 (2·9)、式 (2·10) より次のように求められる。

　　　2.00m ＋ （2 × 0.50m ＋ 0.3 × 1.60m） ＝ 3.48m

したがって、F_1 の 1 箇所分の根切り数量は、式 (2·3) により、

　　　3.48m × 3.48m × 1.60m ＝ 19.376m³　⇨　19.38m³

となる。また、F_1 は 4 ヶ所であるため、上式に箇所数 4 を乗じて、

　　　3.48m × 3.48m × 1.60m × 4 ＝ 77.506m³　⇨　77.51m³

が求められる。なお、この計算結果は、19.38m³ × 4 ＝ 77.52m³ とした場合とでは端数の誤差が生じるが、その差はごく小さいため、いずれを採用してもよい。なお、ここでは作業の効率を考慮して最後に端数整理を行った。

○ $_FG_1$ の根切り数量

基礎梁 $_FG_1$ の根切り幅は、根切り深さが 1.2m であることから、表2·2 より梁幅の左右に作業上のゆとり幅のみを加算する。梁幅 0.45m、作業上のゆとり幅 b は 0.5m であることから、

　　　0.45m ＋ （2 × 0.50m） ＝ 1.45m

基礎梁の根切り長さは、先に求めた独立基礎 F_1 の根切り側面から独立基礎 F_2 の根切り側面までを計測するため、図2·7から 2.11m。

よって、$_FG_1$ の 1 ヶ所分の根切り数量は、式 (2·3) を準用して、

　　　1.45m × 2.11m × 1.20m ＝ 3.671m³　⇨　3.67m³

基礎梁 $_FG_1$ は 4 ヶ所あるため、上式に箇所数 4 を乗じて次のように求められる。

　　　1.45m × 2.11m × 1.20m × 4 ＝ 14.685m³　⇨　14.69m³

なお、その他の部分を含めた計算結果を表2·3に示す。

土工 ▶ 地業

表2・2 作業上のゆとり幅と法幅

山留めの有無	根切り深さ h	作業上のゆとり幅	法幅 xh
無し	$h<1.5\text{m}$	0.5m	—
	$1.5\text{m} \leqq h < 5.0\text{m}$		$0.3h$
	$5.0\text{m} \leqq h$		$0.6h$
有り	—	1.0m	—

x：普通土係数

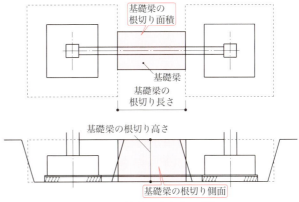

図2・6 基礎梁の根切りの計測

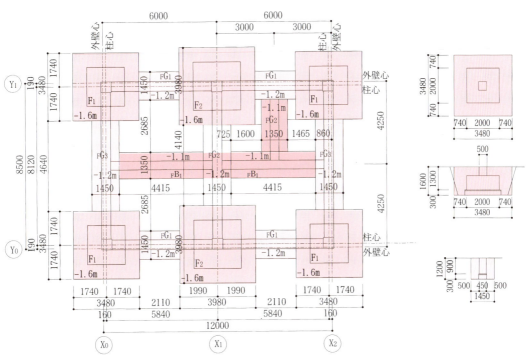

図2・7 根切り計画図 図2・8 根切り寸法

表2・3 根切り数量計算表

名称	位置 通り	位置 通り〜通り	幅 [m]	長さ [m]	高さ [m]	箇所	数量 [m³]	備考
根切り								
F_1	Y_0、Y_1	X_0、X_2	3.48	3.48	1.6	4	77.51	
F_2	Y_0、Y_2	X_1	3.98	3.98	1.6	2	50.69	
$_FG_1$	Y_0、Y_3	$X_0 \sim X_2$	1.45	2.11	1.2	4	14.69	
$_FG_2$	X_1	$Y_0 \sim Y_1$	1.45	4.14	1.2	1	7.20	
$_FG_3$	X_0、X_2	$Y_0 \sim Y_2$	1.45	4.64	1.2	2	16.15	
$_FB_1$			1.35	4.42	1.1	2	13.13	
$_FB_2$			1.35	2.69	1.1	1	3.99	
小計							183.36	

2章 土工・地業 23

3）すき取り

すき取りとは、土間や犬走りなどを設けるため、一般に平均30cm程度の高さまで土を切り取ることをいい、その数量は、根切りと同様に行うものとし、一般に次式のようにすき取り面積と平均すき取り高さによる体積で求められる。

$$\text{すき取り数量 [m}^3\text{]} = \text{すき取り面積 [m}^2\text{]} \times \text{平均すき取り高さ [m]} \quad \cdots\cdots\cdots\cdots\cdots (2\cdot11)$$

計算例 設計例のすき取り数量を求める。

この設計例のすき取りは、図2・9の(ア)(イ)(ウ)(エ)(オ)の部分で、(ウ)のように不整形な場合は、図2・10のように大きい部分から小さい部分を差し引いて面積を求めるようにする。また、(ウ)の部分は3ヶ所あるため、箇所数3を乗じて数量を求める。なお、すき取り高さは図2・11から0.08mとなる。

(ア)の部分 = 0.34m × 1.29m × 0.08m = 0.035m³ ⇨ 0.04m³

(イ)の部分 = 0.43m × 1.04m × 0.08m = 0.035m³ ⇨ 0.04m³

(ウ)の部分 = {4.42m × 2.69m － （1.04m × 1.04m + 1.27m × 1.29m）} × 0.08m × 3

                = 2.200m³ ⇨ 2.20m³

(エ)の部分 = 1.60m × 1.40m × 0.08m = 0.179m³ ⇨ 0.18m³

(オ)の部分 = 1.47m × 1.65m × 0.08m = 0.194m³ ⇨ 0.19m³

これらを合計してすき取り数量を求める。

すき取り数量 = 0.04m³ + 0.04m³ + 2.20m³ + 0.18m³ + 0.19m³ = 2.65m³

4）床付け

根切り底面を**根切り床**といい、建築物の重量を地盤に伝える重要な部分である。したがって、この根切り床に凹凸がないように丁寧に整える必要がある。この作業を**床付け**といい、その数量は、基礎、基礎梁下、耐圧盤下などの砂利敷きの面積による。

計算例 設計例の独立基礎 F_1 の床付け数量を求める。

床付けの数量は、図2・12のように基礎などの砂利敷きの面積によるが、砂利敷き部分の寸法が明示されていないことが多いため、通常は基礎コンクリートの左右にそれぞれ0.1m程度の余裕をもたせる。したがって、一辺の長さは2.00m + 2 × 0.10m = 2.20m、箇所数4から次のように求められる。

2.20m × 2.20m × 4 = 19.36m²

なお、その他の部分を含めた計算結果を表2・4に示す。

5）埋戻し・盛土・建設発生土（不用土）処理

● a 埋戻し

埋戻しとは、図2・13のように根切りと基礎または地下構築物などとの間の土または砂などによる充填をいい、その数量は、次式のように根切りの数量とすき取り数量を合計した**総根切り数量**から現状地盤以下の基礎または地下構築物の体積、および砂利地業と均し（捨）コンクリートなどの体積の合計を差し引いたものとなる。

$$\text{埋戻し数量 [m}^3\text{]} = \text{総根切り数量 [m}^3\text{]} － \text{地下構築物などの体積の合計 [m}^3\text{]} \quad \cdots(2\cdot12)$$

土工 ▶ 地業

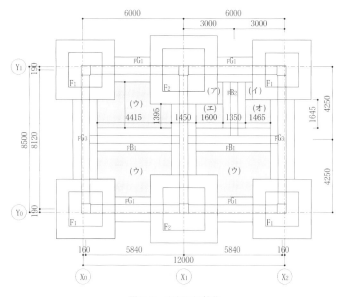

図 2・9 すき取り部分

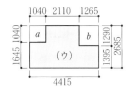

全体　　　　 $4.42 \times 2.69 \times 11.89 \mathrm{m}^2$
a の部分　　 $1.04 \times 1.04 \times 1.08 \mathrm{m}^2$
b の部分　　 $1.27 \times 1.29 \times 1.64 \mathrm{m}^2$
(ウ)の部分　 $11.89 - (1.08 + 1.64) = 9.17 \mathrm{m}^2$

図 2・10 (ウ)の面積

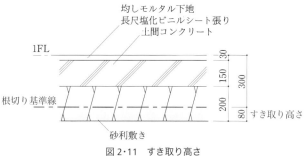

図 2・11 すき取り高さ

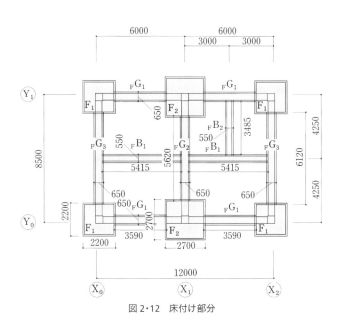

図 2・12 床付け部分

2章 土工・地業　25

● b　盛土

　盛土とは、設計図書にしたがって、図2·13のように基準線の上に土または砂などを盛ることをいい、その数量は、次式のように盛土すべき面積とその現状地盤からの平均厚さとの体積による。

　　盛土数量［m³］＝盛土面積［m²］× 平均厚さ［m］　………………………………(2·13)

● c　建設発生土（不用土）処理

　建設発生土（不用土）処理とは、その建築工事について不用となる土の処理をいい、その数量は、敷地の条件または根切りおよびすき取りによる土の状況により、次のように扱う。

　①掘削した土が、埋戻しおよび盛土に適さない場合

　　建設発生土（不用土）処理の数量［m³］＝総根切り数量［m³］　………………………(2·14)

　なお、掘削した土を敷地内に仮置きすることができない場合も同様に扱う。

　②掘削した土が、埋戻しおよび盛土に適する場合

　　建設発生土(不用土)処理の数量[m³]＝総根切り数量[m³]－（埋戻し数量[m³]＋盛土の数量[m³]）　…(2·15)

　計算例　設計例の埋戻し・建設発生土（不用土）処理の数量を求める。ただし、掘削した土は、埋戻しおよび盛土に適するものとし、根切り数量を183.36m³、すき取り数量を2.65m³、基礎・基礎梁・基礎柱などの地下構築物のコンクリート数量を41.20m³、割石敷き数量を8.15m³、砂利敷き数量を6.93m³、均し(捨)コンクリートの数量を3.77m³とするほか、土間コンクリート下部の砂利敷きのうち基準線以下の部分の数量を11.82m × 8.38m × 0.08m ＝ 7.92m³とし、盛土はないものとする。

　○埋戻し数量

　　地下構築物の体積の合計は、基準地盤面下の地下構築物、砂利敷き、均し(捨)コンクリートなどの体積の合計であるから、41.20m³ ＋ 8.15m³ ＋ 6.93m³ ＋ 3.77m³ ＋ 7.92m³ ＝ 67.97m³。

　　埋戻し数量は式（2·12）より次のように求められる。

　　　（183.36m³ ＋ 2.65m³）－ 67.97m³ ＝ 118.04m³

　○建設発生土（不用土）処理の数量

　　掘削した土が、埋戻しおよび盛土に適することから式（2·15）より次のように求められる。

　　　（183.36m³ ＋ 2.65m³）－ 118.04m³ ＝ 67.97m³

6）山留め

　山留めとは、図2·14のような根切り側面の土の崩壊などを防ぐための仮設をいい、その数量は山留め計画図を作成し、それに基づく計画数量で計上する。

　数量の算出については表2·1で示した細目について計上する。**山留め壁の数量**は、根切り深さに根入れ長さを加えた山留め高さと、山留め壁の周長との積による山留め壁面積とする。なお、親杭横矢板の場合、矢板の数量は根切り深さを山留め壁高さと山留め壁周長との積による壁面積とし、親杭は根入れを含む長さごとの本数または延べ長さとする。切張りについては、段数を明記して根切り面積とする。**基礎根切り**などの山留めについては、それぞれの山留め高さと山留め長さおよび箇所数による数量とする。

土工 ▶ 地業

表 2・4　床付け面積計算表

名称	位置 通り	位置 通り〜通り	幅 [m]	長さ [m]	高さ [m]	箇所	数量 [m²]	備考
床付け								
F₁	Y₀、Y₁	X₀、X₂	2.20	2.20		4	19.36	
F₂	Y₀、Y₁	X₂	2.70	2.70		2	14.58	
FG₁	Y₀、Y₁	X₀、X₂	0.65	3.59		4	9.33	
FG₂	X₁	Y₀、Y₁	0.65	5.62		1	3.65	
FG₃	X₀、X₂	Y₀、Y₁	0.65	6.12		2	7.96	
FB₁			0.55	5.42		2	5.96	
FB₂			0.55	3.49		1	1.92	
小計							62.76	

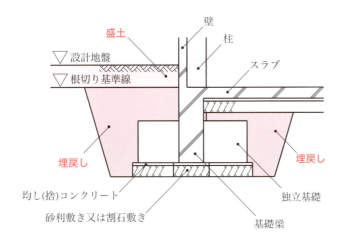

図 2・13　埋戻し・盛土

腹起し：山留め壁が土砂の崩壊によって崩れないように押さえる水平材。
切張り：腹起しが内側に倒れるのを防ぐために、対面する腹起しの間に掛け渡す水平材。

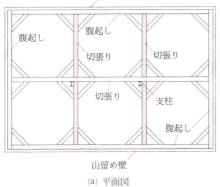

(a) 平面図

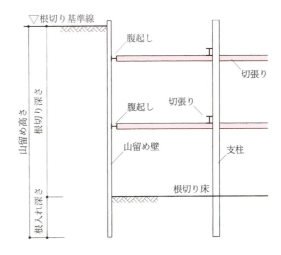

(b) 断面図

図 2・14　山留めの例

2 章　土工・地業　　27

また、山留め壁、腹起し、切張りなどの山留め用機材類の数量を求める必要があるときは、山留め数量と土質、湧水量などに基づいて山留め計画を設定したうえで計測・計算する。

7) 排水

排水とは、工事中の湧水および雨水の排除をいい、その数量は湧水量および降雨量による。また、排水用機材の数量を求める必要があるときは、排水の数量と土質などに基づいて排水計画を設定したうえで計測・計算し、工法の選定を行い、ポンプの台数や期間などを計上する。

2・4 地業の数量

地業とは、杭地業や地盤改良などの建築物を支持する部分および砂利地業などをいう。

(1) 地業の細目

地業の細目の例を表2・5に示す。

(2) 地業の数量

地業の数量は、設計図書に示された寸法に基いて計測・計算する。また、杭頭の処理などの数量を求める場合は、既製コンクリート杭は寸法などごとの本数、場所打ちコンクリート杭はその体積および鉄筋などの質量とする。なお、各種の地業の計測・計算にあたっては、次のような事項に留意して行うようにする。

1) 杭地業

①既製杭の数量は、材種、形状、寸法、工法などにより区分し、継手を考慮した杭のセット本数による。

②場所打ちコンクリート杭の数量は、材種、形状、寸法、工法などにより区分し、原則として杭の箇所数による。コンクリート体積については、杭工法・杭径による適切な割増しをした数量とする（表2・6）。また、必要に応じて杭頭部にコンクリートの余盛りを加算する。杭に用いる鉄筋の所要数量を必要とする場合は、設計数量に対して3％増を標準とする。

2) 地盤改良

地盤改良などの特殊地業の数量は、材種、形状、寸法、工法などにより区分し、その改良土別、場所ごとに改良される土の地山体積とする。

3) ラップルコンクリート

ラップル（割ぐり石）コンクリートは、支持地盤が浅く、杭が必要でない場合などに、独立基礎の下に支持地盤まで割ぐり石を含んだコンクリートを打設するものである。設計図書に記載がない場合は、均し(捨)コンクリート程度の幅で支持地盤までの数量とする。

4) 砂利地業等

● a 砂利敷き

砂利地業等とは、図2・15のように根切り底における基礎下などの砂利地業、砕石地業、均し(捨)コンクリートをいい、砂利敷きの数量は、次式のように設計図書に示された面積とその厚さの積による体積とし、種類別に区別する。

土工 ▶ 地業

表2・5 杭地業の細目例

名称	摘要	単位	数量	単価	金額	備考
地業						
（杭）						
既製コンクリート杭		本				
鋼管杭		本				
場所打ちコンクリート杭		一式				
杭頭処理		一式				
杭間さらえ		一式				
（地盤改良）						
サンドドレイン工法		一式				
サンドコンパクション工法		一式				
地盤置換工法		一式				
（砂利地業等）						
砂利敷き		一式				
割石敷き		一式				
均し（捨）コンクリート		一式				
合計						

表2・6 場所打ちコンクリート杭の土およびコンクリートの割増率

杭1本当たりの体積	割増率［％］
20.0m^{3}以下の場合	13～18
20.0m^{3}を超える場合	10～13

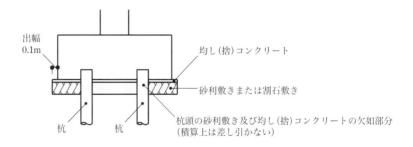

図2・15 砂利敷き、均し（捨）コンクリートの部分

なお、設計図書に記載がない場合は、躯体側面より 0.1m の出幅を加えた寸法とする。

$$砂利敷きの数量 ［m^3］ ＝砂利敷きの面積 ［m^2］ × 厚さ ［m］$$ ……………………(2・16)

● b 均し（捨）コンクリート

均し（捨）コンクリートは、基礎の墨出しや型枠の組立を容易にするために施され、その数量は砂利敷きと同様に、設計図に示された砂利敷きなどの面積と均し（捨）コンクリートの厚さによる体積とする。

$$均し（捨）コンクリートの数量 ［m^3］ ＝砂利敷きなどの面積 ［m^2］ × 厚さ ［m］$$ ……(2・17)

なお、図 2・15 のような杭による砂利敷きおよび均し（捨）コンクリートの欠如はないものとする。

計算例 設計例の砂利敷き、割石敷き、均し（捨）コンクリートの数量を求める。ただし、基礎下部は割石敷き、基礎梁下部は砂利敷きとする。

砂利敷き、割石敷きは、図 2・16 のように区別して計測・計算する。各部の面積は、前述の床付け面積と対応するため、表 2・4 を参照して計算を簡略化するとよい。なお、それぞれの厚さは図 2・3 から砂利敷きおよび割石敷きは 0.24m、均し（捨）コンクリートは 0.06m である。

○割石敷きの数量

割石敷きは、独立基礎の下部に施されていることから、その数量は F_1 と F_2 の床付け面積を合計したものと厚さで求められる。

$$(19.36m^2 ＋ 14.58m^2) × 0.24m ＝ 8.145m^3 \quad ⇨ \quad 8.15m^3$$

○砂利敷きの数量

砂利敷きは、基礎梁、基礎小梁と土間コンクリートの下部に施されている。

基礎梁、基礎小梁下部の砂利敷きの数量は、これらの床付け面積の合計と砂利敷きの厚さで求められる。

$$(9.33m^2 ＋ 3.65m^2 ＋ 7.96m^2 ＋ 5.96m^2 ＋ 1.92m^2) × 0.24m ＝ 6.917m^3 \quad ⇨ \quad 6.92m^3$$

土間コンクリート下部の砂利敷きの数量は、図 2・17 に示す土間コンクリートの面積と砂利敷きの厚さで求められる。

$$8.38m × 11.82m × 0.20m ＝ 19.81m^3$$

したがって、砂利敷きの合計は、$6.93m^3 ＋ 19.81m^3 ＝ 26.74m^3$ となる。

○均し（捨）コンクリートの数量

均し（捨）コンクリートは、独立基礎、基礎梁、基礎小梁の下部に施されていることから、その数量は全体の床付け面積と厚さで求められる。

$$62.81m^2 × 0.06m ＝ 3.769m^3 \quad ⇨ \quad 3.77m^3$$

土工 ▶ 地業

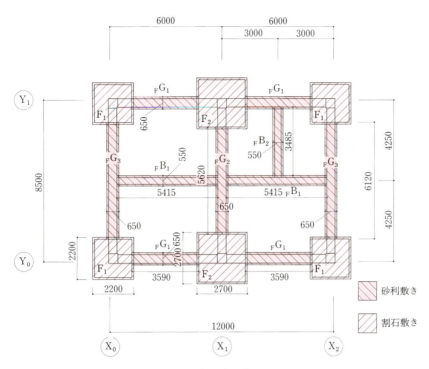

図 2・16 砂利、割石敷きの部分

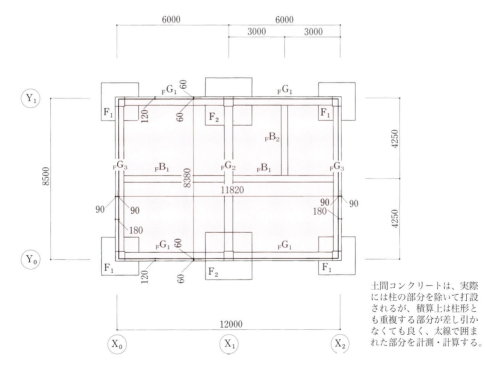

土間コンクリートは、実際には柱の部分を除いて打設されるが、積算上は柱形とも重複する部分が差し引かなくても良く、太線で囲まれた部分を計測・計算する。

図 2・17 土間コンクリートの部分

2 章 土工・地業

③ 鉄筋コンクリート造の積算

　鉄筋コンクリート造の躯体の拾い出しは、基礎や柱、梁などの区分ごとに進められるが、実際には、表3・1のようにひとつの部材についてコンクリート数量・型枠数量・鉄筋数量を同時に計算したのちに集計することが多い。これは、各部材の寸法がコンクリート・型枠・鉄筋の数量を拾い出す上で共通しているため、作業の能率化がはかれ、また部材の断面変更にも対応しやすいということによる。ただし、ここでは、コンクリート・型枠・鉄筋についてそれぞれ分けて計測・計算を行う。

3・1　積算の区分と順序

1　積算の区分

　鉄筋コンクリート造については、躯体を基礎、基礎梁、柱、梁、床板、壁、階段、その他の部分に区分し、それぞれの部分のコンクリート、型枠、鉄筋の数量を計測・計算する。

2　積算の順序

　積算の順序は、区分にしたがい、「先の部分」と「後の部分」に注意しながら、以下の順序で行う。

基礎 ⇨ 基礎梁 ⇨ 柱 ⇨ 梁 ⇨ 床板 ⇨ 壁 ⇨ 階段 ⇨ その他の部分

3・2　設計例

　本章では、以下に掲げる設計例（図3・1〜3・10）について、建築数量積算基準に基づき数量の拾い出しを行う。

1　設計例の概要

　用途：事務所建築　　構造：鉄筋コンクリート造　　階数：2階建

　建築面積：102.00m²　　1階床面積：90.00m²　　　2階床面積：102.00m²　　延面積：192.00m²

2　使用材料

本設計例で使用する材料は以下の通りとする。

1）コンクリート

　基礎・躯体…………F_c 24　　　　土間………………F_c 21　　　捨コンクリート……F_c 18

2）型枠

　基礎・基礎梁・上部躯体………合板製、普通型枠

3）鉄筋・溶接金網

　①鉄筋…………D10〜D25、SD345A

　　鉄筋の継手は、D16以上はガス圧接、D13以下は重ね継手とする。

　②溶接金網……線径4mm、網目150mm（正方形）

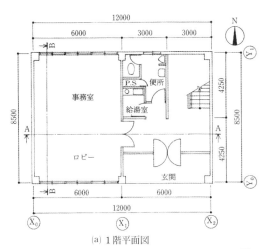
(a) 1階平面図

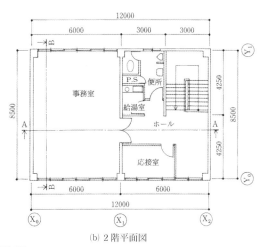
(b) 2階平面図

図 3・1　平面図

図 3・2　断面図

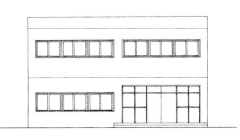

図 3・3　南立面図

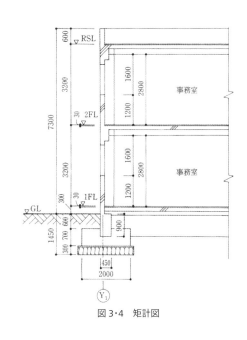

図 3・4　矩計図

表 3・1　躯体の数量計算書の例

名称符号	倍数	コンクリート [m³]					型枠 [m²]				鉄筋 [kg]						
		計算式			小計	計	計算式		小計	計	形状	長さ	本数	D10	D13	D16	D19	D22	D25
F_1	4	2.00	2.00	0.70	2.80	11.20	8.00	0.70	5.60	22.40		2.36	22.00			207.68			
F_2	2	2.50	2.50	0.70	4.38	8.75	10.00	0.70	7.00	14.00		2.86	28.00			160.16			
計						19.95				36.40						367.84			

3章　鉄筋コンクリート造の積算　　33

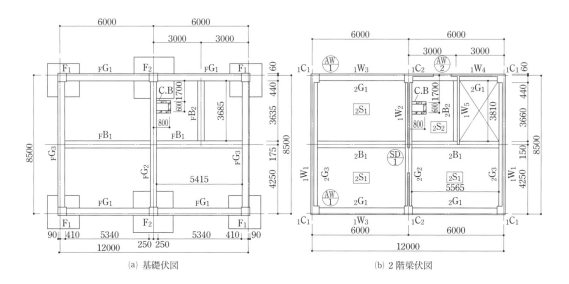

(a) 基礎伏図

(b) 2階梁伏図

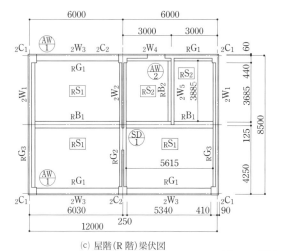

(c) 屋階(R階)梁伏図

図 3・5 伏図

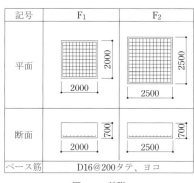

図 3・6 基礎

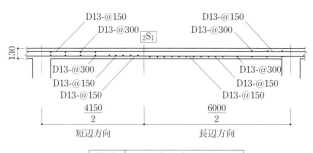

図 3・7 床板（スラブ）

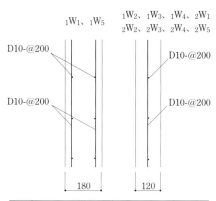

図 3・8 壁

(a) 柱

記号	$_1C_1$	$_1C_2$	$_2C_1$、$_2C_2$
断面			
$b×D$	500×500	500×500	500×500
主筋	8-D22	10-D22	8-D22
帯筋	□-D13-@100	□-D13-@100	□-D13-@100
幅止筋	D10-@900		

(b) 基礎梁

記号	$_FG_1$、$_FG_2$、$_FG_3$	$_FB_1$、$_FB_2$
位置	端部、中央とも	端部、中央とも
断面		
$b×D$	450×900	350×800
上端筋	4-D25	3-D25
下端筋	4-D25	3-D25
腹筋	2-D13	2-D13
あばら筋	□-D13-@150	□-D13-@150
幅止筋	D10-@900	D10-@900

(c) 2階梁

記号	$_2G_1$、$_2G_3$		$_2G_2$		$_2B_1$	$_2B_2$
位置	端部	中央	端部	中央	端部、中央とも	端部、中央とも
断面						
$b×D$	350×600		350×700		300×600	250×500
上端筋	4-D22	3-D22	4-D25	3-D25	3-D22	3-D19
下端筋	3-D22	4-D22	3-D25	4-D25	3-D22	3-D19
腹筋	2-D10				2-D10	—
あばら筋	□-D10-@150				□-D10-@150	
幅止筋	D10-@900				D10-@900	—

(d) 屋階(R階)梁

記号	$_RG_1$、$_RG_3$		$_RG_2$		$_RB_1$	$_RB_2$
位置	端部	中央	端部	中央	端部、中央とも	端部、中央とも
断面						
$b×D$	300×600		350×650		250×550	250×500
上端筋	3-D22		4-D22	3-D22	3-D19	3-D19
下端筋	3-D22		3-D22	4-D22	3-D19	3-D19
腹筋	2-D10				—	—
あばら筋	□-D10-@150				□-D10-@150	
幅止筋	D10-@900				—	—

図 3・9 断面リスト

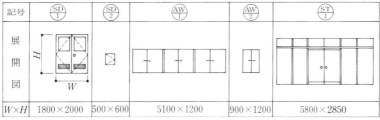

図 3・10 建具リスト

3・3 コンクリート数量

内訳書に計上するコンクリート数量は、**設計図書に基づく設計数量とし、m³で表す**。つまり、各部分ごとに設計寸法により計測・計算した体積を、設計数量とする。ただし、打放し仕上げや目地などによるコンクリートの増打ちは、設計図書の記載にしたがう。なお、拾い出しに当たっては、次の共通事項に注意して行う。

①コンクリートの中の鉄筋および小口径管類の体積は差し引かない（図3・12(a)）。

②鉄骨によるコンクリートの欠除は、鉄骨の設計数量について7.85tを1m³と換算した体積を差し引くものとする（図3・12(b)）。

③開口部のコンクリートは、原則としてその建具などの内法寸法と壁の厚さによる体積を差し引く。ただし、開口部1ヶ所当たりの見付面積が0.5m²以下の場合は差し引かない（図3・12(c)）。

(1) コンクリート数量の表示例

設計例のコンクリートの内訳明細書を表3・2に示す。

(2) 基礎（F）

基礎のコンクリート数量は、図3・14のように、フーチングとベースに分割して計算する。

> **基礎のコンクリート数量 [m³] ＝ フーチング [m³] ＋ ベース [m³]** ···················(3・1)

計算例

設計例の独立基礎（F_1）のコンクリート数量を求める。

この基礎は、図3・14と異なり、フーチングがないため、ベースのみ計算する。

各部の寸法は、図3・15のように、$a = 2.00$m、$b = 2.00$m、$h_1 = 0.70$m　となる。

ベース部分1ヶ所のコンクリート数量は、2.00m × 2.00m × 0.70m = 2.80m³

したがって、F_1 1ヶ所のコンクリート数量は、式（3・1）より、

0m³ + 2.80m³ = 2.80m³　である。
　↑　　　　↑
フーチング　ベース

表3・2　コンクリートの内訳明細書

名称	摘要	数量	単位	単価	金額	備考
コンクリート						
捨コンクリート	Fc－18－15－25		m³			
土間コンクリート	Fc－21－15－25	14.86	m³			
基礎躯体コンクリート	Fc－24－15－25	41.20	m³			
上部躯体コンクリート	Fc－24－15－25	86.93	m³			
防水押えコンクリート			m³			
温度補正			一式			
コンクリート養生			一式			
コンクリート足場			一式			
機械器具			一式			
運搬			一式			
小計						

注　コンクリートの摘要欄の表示については、設計強度－スランプ値－粗骨材の最大寸法としている。

表3・3　基礎のコンクリート数量計算書

名称	横 [m]	縦 [m]	長さ [m]	開口部 など [m³]	小計 [m³]	箇所	体積 [m³]	備考
F_1	2.00	2.00	0.70		2.80	4	11.20	ベース
F_2	2.50	2.50	0.70		4.38	2	8.76	ベース
計							19.96	

| 基礎 | 基礎梁 | 柱 | 大梁・小梁 | 床板 | 壁 | 階段 | その他 |

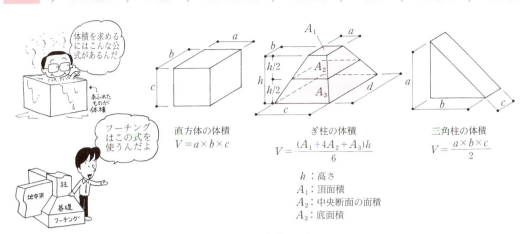

図 3・11 体積の公式

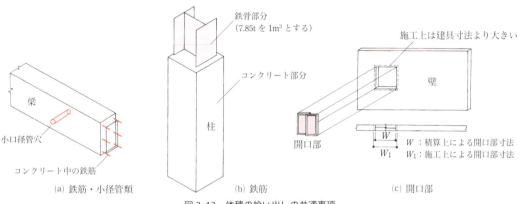

(a) 鉄筋・小径管類　　(b) 鉄筋　　(c) 開口部

図 3・12 体積の拾い出しの共通事項

図 3・13 打継ぎ目地

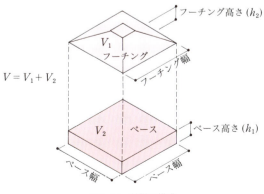

図 3・14 基礎の構成

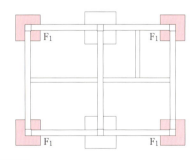

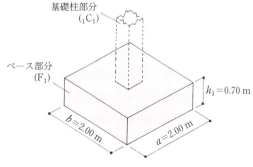

図 3・15 独立基礎（F₁）

3章　鉄筋コンクリート造の積算　37

他の部材についても同様に計測・計算する。なお、設計例の基礎のコンクリート数量の計算結果を表3・3に示す。

❸ 基礎梁（FG）

基礎梁のコンクリート数量は、梁の断面積と梁の内法長さによる体積とする。また、図3・16のように基礎梁端部とフーチングとの重複部分がある場合は、その部分の体積を差し引く必要がある。

基礎梁のコンクリート数量[m³]＝梁の断面積[m²]× 梁の内法長さ[m]－重複部分[m³] …(3・2)

計算例

設計例の基礎梁（$_FG_1$）のコンクリート数量を求める。

基礎梁各部の寸法は、図3・17のように、

$B = 0.45$m、$D = 0.90$m、$l = 5.34$m、$c = 0.30$m、$d_1 = 0.75$m、$d_2 = 1.00$m　となる。

重複部分の体積は、

　0.45m × 0.30m × 0.75m ＋ 0.45m × 0.30m × 1.00m ＝ 0.236m³　⇨　0.24m³

したがって、$_FG_1$ 1ヶ所のコンクリート数量は、式（3・2）より、

　0.45m × 0.90m × 5.34m － 0.24m³ ＝ 1.923m³　⇨　1.92m³　である。

他の部材についても同様に計測・計算する。なお、設計例の基礎梁のコンクリート数量の計算結果を表3・4に示す。

❹ 柱（C）

柱のコンクリート数量は、各階別に次式のように、**柱断面積と階高による体積**とする（図3・18）。

柱のコンクリート数量 [m³] ＝柱の断面積 [m²] × 階高 [m]　　　　………………………(3・3)

計算例

設計例の柱（$_1C_1$）のコンクリート数量を求める。

柱各部の寸法は、図3・19のように、$a = 0.50$m、$b = 0.50$m となり、階高は基礎梁上端より2階梁上端までの、$H = 3.47$m となる。

$_1C_1$ 1ヶ所のコンクリート数量は、式（3・3）より、

　0.50m × 0.50m × 3.47m ＝ 0.868m³　⇨　0.87m³　である。

表 3・4　基礎梁のコンクリート数量計算書

名称	横 [m]	縦 [m]	長さ [m]	開口部など [m³]	小計 [m³]	箇所	体積 [m³]	備考
$_FG_1$	0.45	0.90	5.34	0.10 0.14	1.92	4	7.68	F_1との重複部分 F_2との重複部分
$_FG_2$	0.45	0.90	7.62	0.14 0.14	2.81	1	2.81	F_2との重複部分 F_2との重複部分
$_FG_3$	0.45	0.90	7.62	0.10 0.10	2.89	2	5.78	F_1との重複部分 F_1との重複部分
大梁小計							16.27	
$_FB_1$	0.35	0.80	5.42		1.52	2	3.04	
$_FB_2$	0.35	0.80	3.69		1.03	1	1.03	
小梁小計							4.07	
計							20.34	

基礎 ▶ 基礎梁 ▶ 柱 ▶ 大梁・小梁 ▶ 床板 ▶ 壁 ▶ 階段 ▶ その他

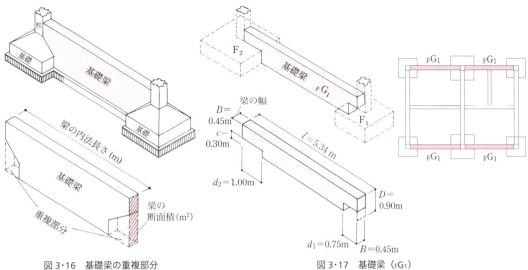

図 3・16　基礎梁の重複部分　　　　図 3・17　基礎梁（$_FG_1$）

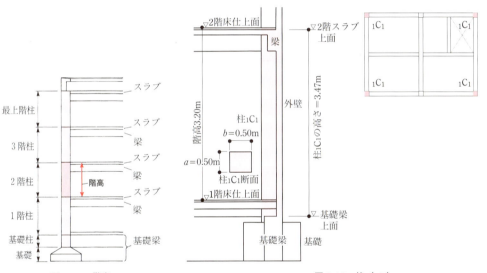

図 3・18　階高　　　　図 3・19　柱（$_1C_1$）

表 3・5　柱のコンクリート数量計算書

名称	横 [m]	縦 [m]	長さ [m]	開口部など [m³]	小計 [m³]	箇所	体積 [m³]	備考
$_FC_1$	0.50	0.50	0.60		0.15	4	0.60	
$_FC_2$	0.50	0.50	0.60		0.15	2	0.30	
基礎柱小計							0.90	
$_1C_1$	0.50	0.50	3.47		0.87	4	3.48	0.30 + 3.20 − 0.03 = 3.47
$_1C_2$	0.50	0.50	3.47		0.87	2	1.74	0.30 + 3.20 − 0.03 = 3.47
1 階小計							5.22	
$_2C_1$	0.50	0.50	3.23		0.81	4	3.24	3.20 + 0.03 = 3.23
$_2C_2$	0.50	0.50	3.23		0.81	2	1.62	3.20 + 0.03 = 3.23
2 階小計							4.86	
計							10.98	

3 章　鉄筋コンクリート造の積算　　39

他の部材についても同様に計測・計算する。なお、設計例の柱のコンクリート数量の計算結果を表3・5に示す。

5 大梁（G）、小梁（B）

梁のコンクリート数量は、**梁断面積と梁の内法長さによる体積**とする。図3・20のように、ハンチがある場合は、その部分の体積を加える必要がある。

> 梁のコンクリート数量[m³]＝梁の断面積[m²] × 梁の内法長さ[m]＋ハンチの体積[m³]　　…(3・4)

計算例

設計例の梁（$_2G_1$）のコンクリート数量を求める。

梁各部の寸法は、図3・21のように、$B = 0.35\text{m}$、$D = 0.60\text{m}$ となり、内法長さ $l = 5.34\text{m}$ となる。

$_2G_1$ 1ヶ所のコンクリート数量は、式（3・4）より、

　　$0.35\text{m} \times 0.60\text{m} \times 5.34\text{m} = 1.121\text{m}^3$ 　⇨　1.12m^3 　である。

他の部材についても同様に計測・計算する。なお、設計例の梁のコンクリート数量の計算結果を表3・6に示す。

6 床板（スラブ：S）

スラブのコンクリート数量は、**梁に囲まれたスラブの内法寸法による面積とそのスラブ厚さによる体積**とする。柱との取合い部分の欠除はないものとするとともに、スラブにハンチがある場合は、ハンチ部分の体積を加える。また、スラブに開口部があるとき、1ヶ所当たりの内法の見付面積が 0.5m² 以下の場合はコンクリート数量は差し引かない（図3・22）。

> スラブのコンクリート数量 [m³] ＝
> 内法幅 l_x [m] × 内法長さ l_y [m] × スラブ厚さ t [m] －開口部の体積 [m³]　　……(3・5)

計算例

設計例のスラブ（$_2S_1$）のコンクリート数量を求める。

表3・6　梁のコンクリート数量計算書

名称	横 [m]	縦 [m]	長さ [m]	開口部など [m³]	小計 [m³]	箇所	体積 [m³]	備考
$_2G_1$	0.35	0.60	5.34		1.12	4	4.48	
$_2G_2$	0.35	0.70	7.62		1.87	1	1.87	
$_2G_3$	0.35	0.60	7.62		1.60	2	3.20	
2階大梁小計							9.55	
$_2B_1$	0.30	0.60	5.57		1.00	2	2.00	
$_2B_2$	0.25	0.50	3.81		0.48	1	0.48	
2階小梁小計							2.48	
2階梁小計							12.03	
$_RG_1$	0.30	0.60	5.34		0.96	4	3.84	
$_RG_2$	0.35	0.65	7.62		1.73	1	1.73	
$_RG_3$	0.30	0.60	7.62		1.37	2	2.74	
R階大梁小計							8.31	
$_RB_1$	0.25	0.55	5.62		0.77	2	1.54	
$_RB_2$	0.25	0.50	3.89		0.49	1	0.49	
R階小梁小計							2.03	
R階梁小計							10.34	
計							22.37	

| 基礎 ▶ | 基礎梁 ▶ | 柱 ▶ | **大梁・小梁** ▶ | **床板** ▶ | 壁 ▶ | 階段 ▶ | その他 |

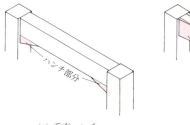
(a) 垂直ハンチ

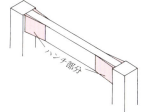
(b) 水平ハンチ

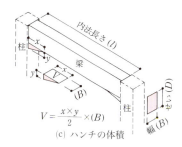
(c) ハンチの体積

$$V = \frac{x \times y}{2} \times (B)$$

図 3・20　梁のハンチ

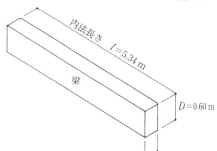

図 3・21　梁（₂G₁）

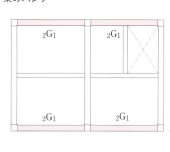

開口部の内法の見付面積 [m²] ($a \times b$)	スラブ部分の コンクリート体積 [m³]
$a \times b \leq 0.5 \text{ m}^2$ の場合	$l_x \times l_y \times t$
$a \times b > 0.5 \text{ m}^2$ の場合	$l_x \times l_y \times t - (a \times b \times t)$

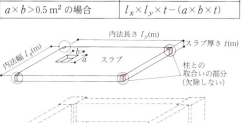

図 3・22　スラブの体積

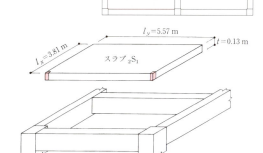

図 3・23　スラブ（₂S₁）

表 3・7　スラブのコンクリート数量計算書

名称	横 [m]	縦 [m]	長さ [m]	開口部など [m³]	小計 [m³]	箇所	体積 [m³]	備考
₂S₁	3.81	5.57	0.13		2.76	3	8.28	
₂S₂	2.70	3.81	0.13		1.34	1	1.34	P・S：0.58 × 0.50 = 0.29 < 0.5
2 階小計							9.62	
ᵣS₁	3.89	5.62	0.13		2.84	3	8.52	
ᵣS₂—1	2.70	3.89	0.13		1.37	1	1.37	
ᵣS₂—2	2.62	3.89	0.13		1.32	1	1.32	
R 階小計							11.21	
計							20.83	Fc24
土間	8.38	11.82	0.15		14.86	1	14.86	
計							14.86	Fc21

3 章　鉄筋コンクリート造の積算

スラブ各部の寸法は、図 3·23 のように、$l_x = 3.81$m、$l_y = 5.57$m、$t = 0.13$m となり、$_2S_1$ 1 ヶ所のコンクリート数量は、式 (3·5) より、

3.81m $\times 5.57$m $\times 0.13$m $= 2.758$m^3　⇨　2.76m^3　である。

他の部材についても同様に計測・計算する。なお、設計例のスラブのコンクリート数量の計算結果を表 3·7 に示す。

7 壁 (W)

壁のコンクリート数量は、柱と梁に囲まれた壁の内法寸法による面積とその壁厚さによる体積とする。壁が、他の壁と取合う場合の内法長さは、壁厚さの大きいほうを優先し、スラブと取合う場合の内法高さは上階スラブ下端から当階スラブ上端までとする（図 3·24）。開口部については、1 ヶ所当たりの内法の見付面積が 0.5m^2 以下の場合は、差し引かない（図 3·25）。

$$\text{壁のコンクリート数量 [m}^3\text{]} = \text{内法長さ [m]} \times \text{内法高さ [m]} \times \text{壁厚さ [m]} - \text{開口部の体積 [m}^3\text{]} \quad \cdots\cdots\cdots\cdots (3\cdot6)$$

計算例

設計例の壁（$_1W_1$）のコンクリート数量を求める。

壁各部の寸法は、図 3·26 のように、内法長さ $l = 7.62$m、内法高さ $H = 2.87$m、壁厚さ $t = 0.18$m となり、開口部による欠除はない。

したがって、$_1W_1$ 1 ヶ所のコンクリート数量は、式 (3·6) より、

7.62m $\times 2.87$m $\times 0.18$m $= 3.936$m^3　⇨　3.94m^3　である。

他の部材についても同様に計測・計算する。なお、設計例の壁のコンクリート数量の計算結果を表 3·8 に示す。

8 階段

階段のコンクリート数量は、段スラブ・踊り場・手すり壁に区分して計測・計算する。段スラブは、その内法長さと内法幅による面積と段スラブの平均厚さによる体積とする。踊り場は、その内法面積と厚さによる体積とする。手すり壁は、平均手すり高さと段スラブの内法長さの面積と手す

表 3·8　壁のコンクリート数量計算書

名称	横 [m]	縦 [m]	長さ [m]	開口部など [m³]	小計 [m³]	箇所	体積 [m³]	備考
$_1W_1$	7.62	2.87	0.18		3.94	2	7.88	
$_1W_2$	7.62	2.77	0.12	0.43	2.10	1	2.10	SD1 : $2.00 \times 1.80 = 3.60 > 0.50$
$_1W_3$	5.34	2.87	0.12	0.73	1.11	2	2.22	AW1 : $1.20 \times 5.10 = 6.12 > 0.50$
$_1W_4$	5.34	2.87	0.12	0.13	1.71	1	1.71	AW2 : $1.20 \times 0.90 = 1.08 > 0.50$
$_1W_5$	4.19	2.97	0.18		2.24	1	2.24	
1 階壁小計							16.15	
$_2W_1$	7.62	2.63	0.12		2.40	2	4.80	
$_2W_2$	7.62	2.58	0.12	0.43	1.93	1	1.93	SD1 : $2.00 \times 1.80 = 3.60 > 0.50$
$_2W_3$	5.34	2.63	0.12	0.73	0.96	3	2.88	AW1 : $1.20 \times 5.10 = 6.12 > 0.50$
$_2W_4$	5.34	2.63	0.12	0.13	1.56	1	1.56	AW2 : $1.20 \times 0.90 = 1.08 > 0.50$
$_2W_5$	4.19	2.73	0.12		1.37	1	1.37	
2 階壁小計							12.54	
計							28.69	

基礎 ▶ 基礎梁 ▶ 柱 ▶ 大梁・小梁 ▶ 床板 ▶ 壁 ▶ 階段 ▶ その他

(a) 壁厚の異なる場合の取合い　　(b) スラブとの取合い

図 3・24　壁との取合い

開口部の内法の見付面積	壁部分のコンクリート体積
$w \times h \leqq 0.50 \text{ m}^2$ の場合	$l \times H \times t$
$w \times h > 0.50 \text{ m}^2$ の場合	$l \times H \times t - (w \times h \times t)$

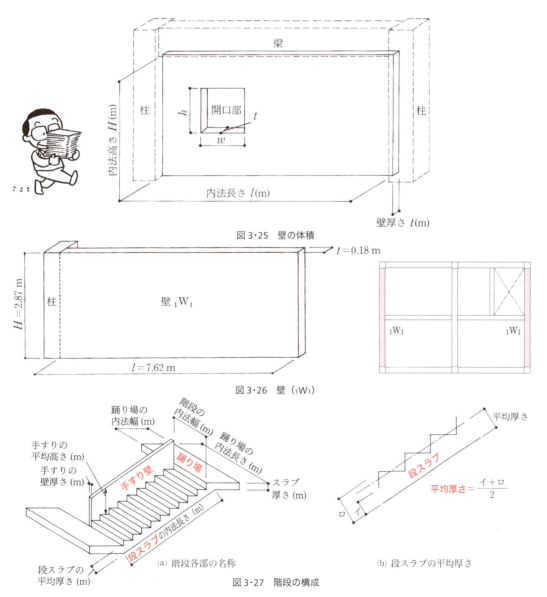

図 3・25　壁の体積

図 3・26　壁（₁W₁）

(a) 階段各部の名称　　(b) 段スラブの平均厚さ

図 3・27　階段の構成

3章　鉄筋コンクリート造の積算　43

り壁の厚さによる体積とする（図3・27）。

$$段スラブのコンクリート数量[m^3] = 内法幅[m] × 内法長さ[m] × 平均厚さ[m] \quad \cdots\cdots(3・7)$$

$$踊り場のコンクリート数量[m^3] = 内法幅[m] × 内法長さ[m] × スラブ厚さ[m] \quad \cdots\cdots(3・8)$$

$$手すり壁のコンクリート数量[m^3] = 平均高さ[m] × 平均中心[m] × 壁厚さ[m] \quad \cdots\cdots(3・9)$$

計算例

設計例の階段のコンクリート数量を求める。

階段各部の寸法は、図3・28のように、段スラブ部分は、段スラブの内法幅 = 1.30m、内法長さ = 2.56m、平均厚さ $= \dfrac{0.13m + 0.29m}{2} = 0.21m$ となり、段スラブ部分のコンクリート数量は、式（3・7）より、

1.30m × 2.56m × 0.21m × 2 = 1.398m³ ⇨ 1.40m³ である。

踊り場部分は、内法幅 = 1.65m（図3・28(c)）、内法長さ = 2.79m（図3・28(a)）、スラブ厚さ = 0.13m（図3・28(c)）となり、踊り場部分のコンクリート数量は、式（3・8）より、

1.65m × 2.79m × 0.13m = 0.598m³ ⇨ 0.60m³ である。

設計例の階段のコンクリート数量の計算結果を表3・9に示す。

9 その他

その他の部分には、パラペットやひさしなどがある。

パラペットのコンクリート数量は設計図書の寸法によるが、立ち上がり部分と笠木部分に分割して計測した断面積とその延べ長さとの体積とする。

$$パラペットのコンクリート数量［m^3］ = パラペットの断面積［m^2］ × 延べ長さ［m］ \quad \cdots(3・10)$$

計算例

設計例のパラペットのコンクリート数量を求める。

パラペット各部の寸法は、パラペットの立ち上がり壁の中心線が $_1W_1$ との壁厚の差により外側に 0.03m ずれていることを考慮し、図3・29のように、

高さ = 0.60m、厚さ = 0.12m、延べ長さ = （8.62m + 11.94m）× 2 = 41.12m となり、

パラペットのコンクリート数量は、式（3・10）より、

0.60m × 0.12m × 41.12m = 2.961m³ ⇨ 2.96m³ である。

設計例のパラペットのコンクリート数量の計算結果を表3・10に示す。

基礎 ▶ 基礎梁 ▶ 柱 ▶ 大梁・小梁 ▶ 床板 ▶ 壁 ▶ 階段 ▶ その他

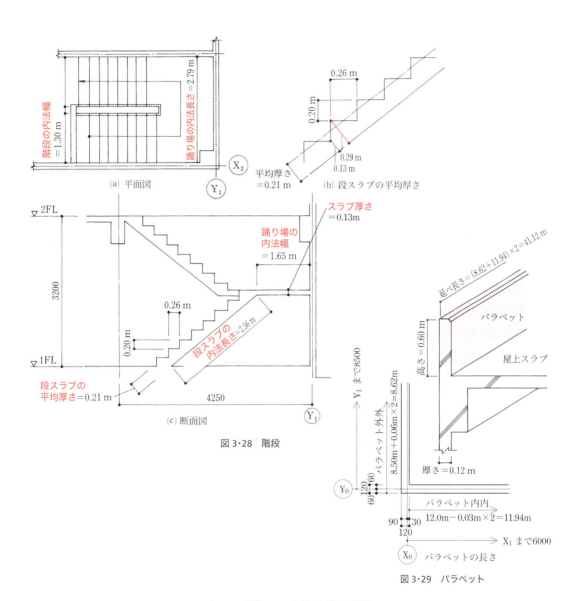

図 3・28 階段

図 3・29 パラペット

表 3・9 階段のコンクリート数量計算書

名称	横 [m]	縦 [m]	長さ [m]	開口部など [m³]	小計 [m³]	箇所	体積 [m³]	備考
段スラブ	1.30	0.21	2.56		0.70	2	1.40	$\frac{0.13+0.29}{2}=0.21$
踊り場	1.65	0.13	2.79		0.60	1	0.60	
計							2.00	

表 3・10 その他のコンクリート数量計算書

名称	横 [m]	縦 [m]	長さ [m]	開口部など [m³]	小計 [m³]	箇所	体積 [m³]	備考
パラペット	0.60	0.12	41.12		2.96	1	2.96	
計							2.96	

3章 鉄筋コンクリート造の積算 45

3・4 型枠の数量

内訳書に計上する型枠の数量は、普通型枠・打放し型枠・曲面型枠など、材料・工法・コンクリート打設面などにより区別し、コンクリートの各部分ごとにその面積を計測・計算する。つまり、**コンクリート数量を計測した寸法を利用して求める**ことができる。なお、拾い出しに当たっては、次の共通事項に注意して行う。

①型枠の数量は、設計図書に基づく設計数量とし、原則としてコンクリートの側面および底面を対象とする。

②梁とスラブの接続部を除いた他の部分の接合部においては（図3・30（a））、その接続部の面積が**1ヶ所につき1m²以下**であれば「先の部分」の型枠は差し引かない（図3・30（b））。

③開口部の型枠は、建具などの内法寸法による面積を差し引く。なお、その面積が0.50m²以下の場合は差し引かず、開口部の見込み部分の型枠は計測しない（図3・31）。

④斜面の勾配が$\frac{3}{10}$を超える部分の上面、階段の踏面、階の中間にある壁付き梁の上面はその部分の上面型枠を計測の対象とする（図3・32）。

⑤大面木、化粧目地、打継ぎ目地、誘発目地などは計測・計算の対象とする（図3・33）。ただし、打放し型枠の通常の面取りは計測の対象としない。なお、本例では数量の拾い出しを簡略化するため、隅柱大面木、打継ぎ目地の計測・計算を省略する。

❶ 型枠数量の表示例

設計例の型枠の内訳明細書を表3・11に示す。

❷ 基礎（F）

基礎の型枠数量は、フーチング、ベースに区分して計測・計算する。

フーチングの勾配が$\frac{3}{10}$を超える場合は、図3・34（a）のように**上面型枠を必要とする**。**ベース**の型枠の数量は、その周長とベースの厚さとによる面積とする。

> **基礎の型枠数量［m²］＝フーチング［m²］＋ベース［m²］** ················(3・11)

計算例

設計例の独立基礎（F₁）の型枠数量を求める。

表3・11　型枠数量の内訳明細書

名称	摘要	数量	単位	単価	金額	備考
型枠						
普通型枠	合板製	1027	m²			
打放し型枠			m²			
特殊型枠			m²			
面木		41.12	m²			パラペット笠木納まり用
目地棒			m			
清掃			一式			
型枠足場			一式			
型枠構台			一式			
運搬			一式			
小計						

| 基礎 | 基礎梁 | 柱 | 大梁・小梁 | 床板 | 壁 | 階段 | その他 |

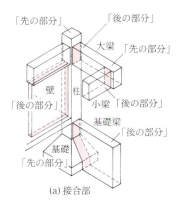

(a) 接合部

主な接続面	先の部分の部材	後の部分の部材	先の部分の型枠を差し引く場合
基礎と基礎梁	基礎	基礎梁	1ヶ所の接続面が 1 m² 以下であれば「先の部分」の型枠は差し引かずに計算する
柱とスラブ	柱	スラブ	
柱と壁	柱	壁	
柱と梁	柱	梁	
スラブと壁	スラブ	壁	
大梁と小梁	大梁	小梁	
梁と壁	梁	壁	
梁とスラブ	梁	スラブ	差し引く

(b) 接合部における「先の部分」と「後の部分」の関係

図 3・30 「先の部分」と「後の部分」

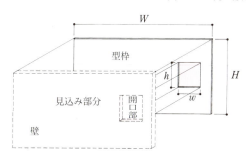

開口部の面積	型枠の面積 [m²]
$w \times h \leq 0.50$ m² の場合	$W \times H$
$w \times h > 0.50$ m² の場合	$W \times H - (w \times h)$

図 3・31 開口部の型枠

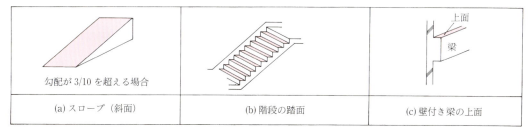

| (a) スロープ（斜面） | (b) 階段の踏面 | (c) 壁付き梁の上面 |

図 3・32 上面型枠

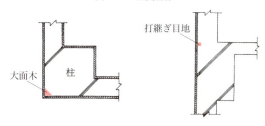

図 3・33 面木・目地棒

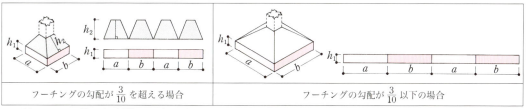

(a) フーチング部の上面型枠が必要な場合　　(b) フーチングの上面型枠が必要でない場合

図 3・34 基礎の型枠

3章　鉄筋コンクリート造の積算

F_1 には、ベースと基礎梁が接続するが、その部分の面積がそれぞれ 1m² 以下なので型枠面積は差し引かない（図3・35(a)）。基礎各部の寸法は、図3・35(b)のように、

$a = 2.00$m、$b = 2.00$m、$h_1 = 0.70$m　となる。

ベース部分の型枠数量は、$2 \times (2.00\text{m} + 2.00\text{m}) \times 0.70\text{m} = 5.60\text{m}^2$　である。

したがって、F_1 1ヶ所の型枠数量（図3・35(c)）は、式（3・11）より、

$0\text{m}^2 + 5.60\text{m}^2 = 5.60\text{m}^2$　である。

他の部材についても同様に計測・計算する。なお、設計例の基礎の型枠数量の計算結果を表3・12に示す。

❸ 基礎梁（FG）

基礎梁は捨コンクリートの上に型枠を建て込むので、**両側面を対象とし、底面は計測しない**。したがって、基礎梁の型枠面積は、**両側の梁せいと梁の内法長さによる面積を数量とする**。なお、外周に面する型枠に打継ぎ目地を計測・計算する。ただし、基礎と重複する部分は差し引く。また、基礎大梁と基礎小梁との接続部の面積が1ヶ所当たり1m²以下の場合は、接合部の型枠の面積を差し引かない。

基礎梁の型枠面積[m²]＝ 2 ×（梁せい[m]× 梁の内法長さ[m]－ 重複部分の面積[m²]） …(3・12)

計算例　設計例の基礎梁（FG_1）の型枠数量を求める。

基礎梁各部の寸法は、図3・36のように、梁せい = 0.90m、内法長さ = 5.34m、独立基礎 $F_1 \cdot F_2$ との重複部分の面積は、$0.30\text{m} \times 0.75\text{m} + 0.30\text{m} \times 1.00\text{m} = 0.525\text{m}^2$　⇨　0.53m^2 となり、FG_1 1ヶ所の型枠数量は、式（3・12）より、

$2 \times (0.90\text{m} \times 5.34\text{m} - 0.53\text{m}^2) = 8.552\text{m}^2$　⇨　8.55m^2　である。

また、打継ぎ目地の長さは、梁の内法長さの 5.34m となる。

他の部材についても同様に計測・計算する。なお、設計例の基礎梁の型枠数量の計算結果を表3・13に示す。

❹ 柱（C）

柱の型枠数量は、**柱の4辺の周長と階高による面積とする**（図3・37）。ただし、壁との接合部については、1ヶ所当たりの小口の面積が1m²以下であれば柱の型枠の面積は差し引かない。

柱の型枠面積 [m²] ＝柱の周長 [m] × 階高 [m] …………………………………(3・13)

計算例　設計例の柱（$_1C_1$）の型枠数量を求める。

柱各部の寸法は、図3・38のように、柱の幅 $a = 0.50$m、柱の幅 $b = 0.50$m、階高 $H = 3.47$m、梁および壁との接合部の面積は、それぞれ1m²以下なので、型枠の面積は差し引かない。

表3・12　基礎の型枠数量計算書

名称	横 [m]	縦 [m]	開口部など [m²]	小計 [m²]	箇所	面積 [m²]	面木 [m] 単長	面木 [m] 延長	目地棒 [m] 単長	目地棒 [m] 延長	備考
F_1	8.00	0.70		5.60	4	22.40					$2 \times (2.00 + 2.00) = 8.00$
F_2	10.00	0.70		7.00	2	14.00					$2 \times (2.50 + 2.50) = 10.00$
計						36.40					

基礎 ▶ 基礎梁 ▶ 柱 ▶ 大梁・小梁 ▶ 床板 ▶ 壁 ▶ 階段 ▶ その他

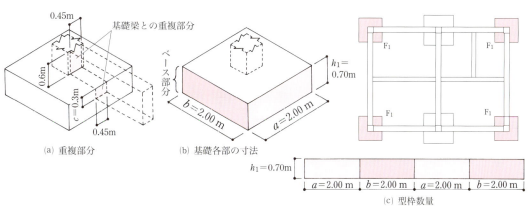

図 3・35 独立基礎（F₁）

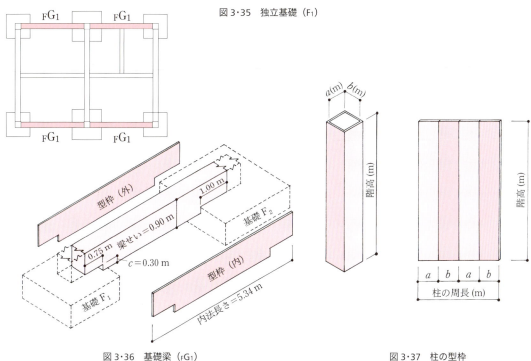

図 3・36 基礎梁（FG₁） 　　　　　図 3・37 柱の型枠

表 3・13　基礎梁の型枠数量計算書

名称	横 [m]	縦 [m]	開口部など [m²]	小計 [m²]	箇所	面積 [m²]	面木 [m] 単長	面木 [m] 延長	目地棒 [m] 単長	目地棒 [m] 延長	備考
FG₁	0.90	5.34	0.30　0.75 0.30　1.00	4.28	4×2	34.24					F₁との重複部分 F₂との重複部分
FG₂	0.90	7.62	0.30　1.00 0.30　1.00	6.26	1×2	12.52					F₂との重複部分 F₂との重複部分
FG₃	0.90	7.62	0.30　0.75 0.30　0.75	6.41	2×2	25.64					F₁との重複部分 F₁との重複部分
大梁小計						72.40					
FB₁	0.80	5.42		4.34	2×2	17.36					FB₂：0.35×0.80＝0.28＜1.00
FB₂	0.80	3.69		2.95	1×2	5.90					
小梁小計						23.26					
計						95.66					

3章　鉄筋コンクリート造の積算

$_1C_1$ 1 ヶ所の型枠数量は、式（3・13）より、

（0.50m ＋ 0.50m ＋ 0.50m ＋ 0.50m）× 3.47m ＝ 6.940m² ⇨ 6.94m² である。

また、大面木の長さは階高の 3.47m、打継ぎ目地の長さは 0.50m ＋ 0.50m ＝ 1.00m となる。

他の部材についても同様に計測・計算する。なお、設計例の柱の型枠数量の計算結果を表3・14に示す。

⑤ 大梁（G）、小梁（B）

大梁および小梁の型枠数量は、**梁せいよりスラブ厚さを差し引いた寸法に底面を加えた寸法と内法長さによる面積**とする。壁など他の部材との接合部については、1 ヶ所について 1m² 以下であれば差し引かない。外周やスラブ開口部に面する部分についてはスラブ厚さを加えて考える。また、垂直ハンチは側面の三角部分を、水平ハンチは底面の三角部分を加算する。

①梁の両側にスラブがある場合（図3・39(a)）

梁の型枠[m²]＝{2 ×（梁せい[m]－スラブ厚さ[m]）＋ 梁幅[m]}× 梁の内法長さ[m]　…（3・14a）

②梁の片側にスラブがある場合（図3・39(b)）

梁の型枠[m²]＝(2 × 梁せい[m]－スラブ厚さ[m]＋梁幅[m])× 梁の内法長さ[m]　…（3・14b）

計算例 設計例の梁（$_2G_1$）の型枠数量を求める。

梁各部の寸法は、図3・40のように、梁せい＝ 0.60m、梁幅＝ 0.35m、スラブ厚さ＝ 0.13m、内法長さ＝ 5.34m、壁との接合部の面積は、0.12m × 5.34m ＝ 0.641m² ＜ 1m² となり、$_2G_1$ 1 ヶ所の型枠数量は、式（3・14b）より、

（2 × 0.60m － 0.13m ＋ 0.35m）× 5.34m ＝ 7.583m² ⇨ 7.58m² である。

他の部材についても同様に計測・計算する。なお、設計例の梁の型枠数量の計算結果を表3・15に示す。

⑥ 床板（スラブ：S）

スラブの型枠数量は、**梁で囲まれた内法長さによる底面積**とする。なお、柱と梁の取合い部分や水平ハンチによる面積の欠除はないものとする。

スラブの型枠面積 [m²] ＝内法長さ l_x [m] × 内法長さ l_y [m]　……………………（3・15）

表3・14 柱の型枠数量計算書

| 名称 | 横 [m] | 縦 [m] | 開口部など [m²] | 小計 [m²] | 箇所 | 面積 [m²] | 面木 [m] | | 目地棒 [m] | | 備考 |
							単長	延長	単長	延長	
$_FC_1$	2.00	0.60		1.20	4	4.80					
$_FC_2$	2.00	0.60		1.20	2	2.40					
基礎柱小計						7.20					
$_1C_1$	2.00	3.47		6.94	4	27.76					
$_1C_2$	2.00	3.47		6.94	2	13.88					
1階柱小計						41.64					
$_2C_1$	2.00	3.23		6.46	4	25.84					
$_2C_2$	2.00	3.23		6.46	2	12.92					
2階柱小計						38.76					
計						87.60					

基礎 ▶ 基礎梁 ▶ **柱** ▶ 大梁・小梁 ▶ **床板** ▶ 壁 ▶ 階段 ▶ その他

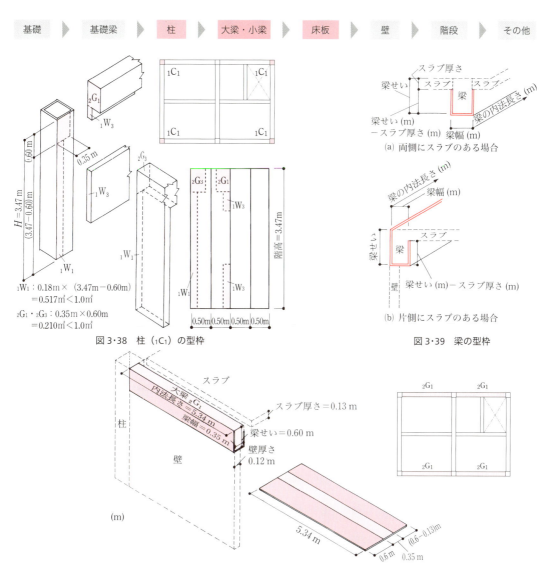

図 3·38　柱（₁C₁）の型枠　　　　　　　　　　　　図 3·39　梁の型枠

図 3·40　梁（₂G₁）の型枠

表 3·15　梁の型枠数量計算書

名称	横 [m]	縦 [m]	開口部など [m²]	小計 [m²]	箇所	面積 [m²]	面木 単長	面木 延長	目地棒 単長	目地棒 延長	備考
₂G₁	1.42	5.34		7.58	4	30.32					₁W₃ : 0.12 × 5.34 = 0.641 < 1.00
₂G₂	1.49	7.62		11.35	1	11.35					₁W₂ : 0.12 × 7.62 = 0.914 < 1.00
₂G₃	1.42	7.62	0.18	7.62 9.45	2	18.90					₁W₁ : 0.18 × 7.62 = 1.372 > 1.00
2階大梁小計						60.57					
₂B₁	1.24	5.57		6.91	2	13.82					
₂B₂	0.99	3.81		3.77	1	3.77					
2階小梁小計						17.59					
2階梁小計						78.16					
ᵣG₁	1.37	5.34		7.32	4	29.28					₂W₃ : 0.12 × 5.34 = 0.641 < 1.00
ᵣG₂	1.39	7.62		10.5	1	10.59					₂W₂ : 0.12 × 7.62 = 0.914 < 1.00
ᵣG₃	1.37	7.62		10.44	2	20.88					₂W₁ : 0.12 × 7.62 = 0.914 < 1.00
R階大梁小計						60.75					
ᵣB₁	1.09	5.62		6.13	2	12.26					
ᵣB₂	0.99	3.89		3.85	1	3.85					
R階小梁小計						16.11					
R階梁小計						76.86					
計						155.02					

3章　鉄筋コンクリート造の積算

計算例 設計例のスラブ（$_2S_1$）の型枠数量を求める。

スラブ各部の寸法は、図 3・41 のように、内法長さ $l_x = 3.81$m、内法長さ $l_y = 5.57$m となり、$_2S_1$ 1 ヶ所の型枠数量は、式（3・15）より、

3.81m $\times 5.57$m $= 21.221$m^2　⇨　21.22m^2　である。

他の部材についても同様に計測・計算する。なお、設計例のスラブの型枠数量の計算結果を表 3・16 に示す。

7 壁（W）

壁の型枠数量は、柱や梁に囲まれた**内法部分の両側面の面積**となり、壁の内法長さと壁の内法高さによる面積となるのが基本である。壁によっては柱や梁がなく、壁やスラブと取り合う場合もある。その場合は、前者では壁厚の大きい方を優先して内法長さをとり、後者ではスラブ間の内法高さをとる。なお、開口部がある場合は、その内法寸法による面積が 0.50m^2 以下の場合は差し引かず、見込み部分の型枠の面積は計測しない。

壁の片面の型枠 [m^2] ＝内法長さ [m] × 内法高さ [m] − 開口部の面積 [m^2]　　…（3・16）

計算例 設計例の壁（$_1W_2$）の両面の型枠数量を求める。

壁各部の寸法は、図 3・42 のように、内法長さ＝ 7.62m、

内法高さ＝ 0.30m ＋ 3.20m － 0.03m － 0.70m ＝ 2.77m

開口部 ⑤Ｐ の面積は、1.80m × 2.00m ＝ 3.60m^2 ＞ 0.50m^2

$_1W_2$ 1 ヶ所の型枠数量は、式（3・16）より、

$(7.62$m $\times 2.77$m $- 3.60$m$^2) \times 2 = 35.014$m^2　⇨　35.01m^2　である。
↑
両面

他の部材についても同様に計測・計算する。なお、設計例の壁の型枠数量の計算結果を表 3・17 に示す。

8 階段

階段の型枠数量は、**段スラブと踊り場の底面、壁に接続しない側面、およびけ込みと踏面部分**に区分して計測・計算する。壁に接続しない段スラブ側面の型枠の高さは、段スラブの平均厚さとする。

表 3・16　スラブの型枠数量計算書

名称	横 [m]	縦 [m]	開口部など [m^2]	小計 [m^2]	箇所	面積 [m^2]	面木 [m] 単長	延長	目地棒 [m] 単長	延長	備考
$_2S_1$	3.81	5.57		21.22	3	63.66					
$_2S_2$	2.70	3.81		10.29	1	10.29					P・S：0.58 × 0.50 = 0.29 < 0.50
2 階小計						73.95					
$_RS_1$	3.89	5.62		21.86	3	65.58					
$_RS_2$−1	2.70	3.89		10.50	1	10.50					
$_RS_2$−2	2.62	3.98		10.43	1	10.43					
R 階小計						86.51					
計						160.46					

基礎 ▶ 基礎梁 ▶ 柱 ▶ 大梁・小梁 ▶ 床板 ▶ 壁 ▶ 階段 ▶ その他

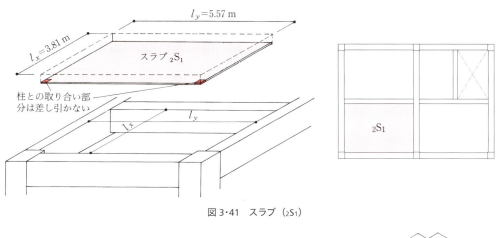

図 3・41 スラブ（₂S₁）

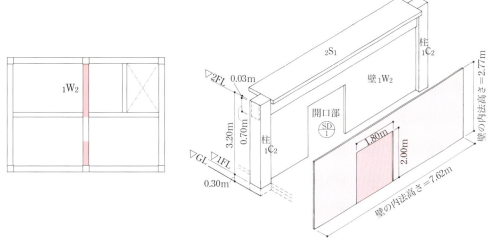

図 3・42 壁（₁W₂）

表 3・17 壁の型枠数量計算書

名称	横 [m]	縦 [m]	開口部など [m²]		小計 [m²]	箇所	面積 [m²]	面木 [m] 単長	延長	目地棒 [m] 単長	延長	備考
₁W₁	7.62	2.87			21.87	2×2	87.48					
₁W₂	7.62	2.77	1.80	2.00	17.51	1×2	35.02					SD1：1.80×2.00＝3.60＞0.50
₁W₃	5.34	2.87	5.10	1.20	9.21	2×2	36.84					AW1：5.10×1.20＝6.12＞0.50
₁W₄	5.34	2.87	0.90	1.20	14.25	1×2	28.50					AW2：0.90×1.20＝1.08＞0.50 1W5：2.87×0.18＝0.516＜1.00
₁W₅	4.19	2.97			12.44	1×2	24.88					
1階壁小計							212.72					
₂W₁	7.62	2.63			20.04	2×2	80.16					
₂W₂	7.62	2.58	1.80	2.00	16.06	1×2	32.12					SD1：1.80×2.00＝3.60＞0.50
₂W₃	5.34	2.63	5.10	1.20	7.92	3×2	47.52					AW1：5.10×1.20＝6.12＞0.50
₂W₄	5.34	2.63	0.90	1.20	12.96	1×2	25.92					AW2：0.90×1.20＝1.08＞0.50 2W5：2.63×0.12＝0.316＜1.00
₂W₅	4.19	2.73			11.44	1×2	22.88					
2階壁小計							208.60					
計							421.32					

3章　鉄筋コンクリート造の積算

> 段スラブの型枠面積 [m²] ＝内法幅 [m] × 段スラブの長さ [m]　　　‥‥‥‥‥‥‥‥ (3·17)
>
> 踊り場底面の型枠面積 [m²] ＝内法幅 [m] × 内法長さ [m]　　　　‥‥‥‥‥‥‥‥ (3·18)
>
> 壁に接しない側面の型枠面積 [m²] ＝段スラブの長さ [m] × 平均厚さ [m]　　‥‥‥ (3·19)
>
> け込み部分の型枠面積 [m²] ＝段数× 内法幅 [m] ×け上げ高さ [m]　　　‥‥‥‥‥ (3·20)
>
> 踏面部分の型枠面積 [m²] ＝内法幅 [m] × 踏面幅 [m] ×（段数 $n-1$）　‥‥‥‥ (3·21)
>
> 手すり壁の型枠面積 [m²] ＝平均高さ [m] × 平均中心長さ [m] × 2　　‥‥‥‥‥‥ (3·21′)

計算例 設計例の階段の型枠数量を求める。

　段スラブ各部の寸法は、図 3·43 のように、内法幅＝ 1.30m、段スラブの長さ＝ 2.56m となり、段スラブ 1 ヶ所の型枠数量は、式（3·17）より、

　　　1.30m × 2.56m ＝ 3.328m²　⇨　3.33m²　となる。

　踊り場各部の寸法は、内法幅＝ 2.79m、内法長さ＝ 1.65m となり、踊り場の型枠数量は、式（3·18）より、

　　　2.79m × 1.65m ＝ 4.604m²　⇨　4.60m²　となる。

　段スラブ側面各部の寸法は、段スラブの長さ＝ 2.56m、平均厚さ＝ 0.21m となり、壁に接しない側面の型枠数量は、式（3·19）より、

　　　2.56m × 0.21m ＝ 0.538m²　⇨　0.54m²となる。

　け込み・踏面各部の寸法は、内法幅＝ 1.30m、け上げ＝ 0.20m、踏面＝ 0.26m、段数＝ 8 段となり、け込み部分の型枠数量は、式（3·20）より、

　　　8 段× 1.30m × 0.20m ＝ 2.080m²　⇨　2.08m²　となり、

踏面部分の型枠数量は、式（3·21）より、

　　　1.30m × 0.26m ×（8 － 1）段 ＝ 2.366m²　⇨　2.37m²　となる。

　なお、設計例の階段の型枠数量の計算結果を表 3·18 に示す。

⑨ その他

　パラペットの型枠数量は、設計図書の寸法による**立ち上がり部分の側面と笠木部分**の面積とする。笠木上面の勾配が $\dfrac{3}{10}$ 以上であれば笠木上面部分の面積も加える。

> パラペットの型枠面積 [m²] ＝
> ｛2 × 高さ [m] ＋（笠木幅 [m] － 厚さ [m]）｝× 延べ長さ [m]　　‥‥‥‥‥‥ (3·22)

計算例 設計例のパラペットの型枠数量を求める。

　パラペット各部の寸法は、図 3·44 のように、高さ＝ 0.60m、延べ長さ＝ 41.12m となり、パラペットの型枠数量は、笠木がないことにより、

　　　2 × 0.60m × 41.12m ＝ 49.34m²　である。

　また、パラペット上部内側に笠木金物の納まりのため、**大面木**を入れ、その延べ長さは 41.12m となる。設計例のパラペットの型枠数量の計算結果を表 3·19 に示す。

基礎 ▶ 基礎梁 ▶ 柱 ▶ 大梁・小梁 ▶ 床板 ▶ 壁 ▶ 階段 ▶ その他

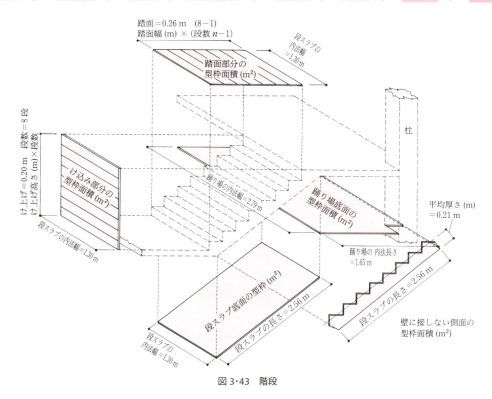

図 3・43　階段

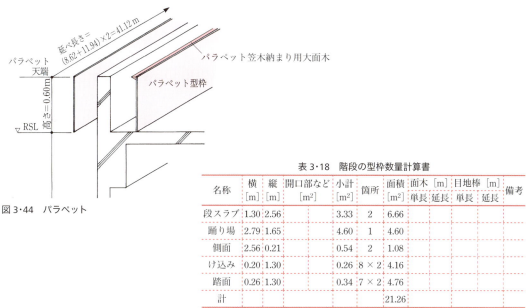

図 3・44　パラペット

表 3・18　階段の型枠数量計算書

名称	横 [m]	縦 [m]	開口部など [m²]	小計 [m²]	箇所	面積 [m²]	面木 [m] 単長	面木 [m] 延長	目地棒 [m] 単長	目地棒 [m] 延長	備考
段スラブ	1.30	2.56		3.33	2	6.66					
踊り場	2.79	1.65		4.60	1	4.60					
側面	2.56	0.21		0.54	2	1.08					
け込み	0.20	1.30		0.26	8×2	4.16					
踏面	0.26	1.30		0.34	7×2	4.76					
計						21.26					

表 3・19　その他の型枠数量計算書

名称	横 [m]	縦 [m]	開口部など [m²]	小計 [m²]	箇所	面積 [m²]	面木 [m] 単長	面木 [m] 延長	目地棒 [m] 単長	目地棒 [m] 延長	備考
パラペット	0.60	41.12		24.67	1×2	49.34		41.12			パラペット笠木納まり用
計						49.34		41.12			

3 章　鉄筋コンクリート造の積算

3・5 鉄筋の数量

鉄筋の数量は、実際にはコンクリートや型枠と同時に計測・計算する。しかし、鉄筋の拾い出しについては、鉄筋の加工や組立などに関するさまざまな規定があり、本書ではそれらについて説明を加えながら展開させるため、独立して考えることとする。鉄筋の長さの考え方は、設計寸法に**定着・継手、余長、フック**などの長さを加えたものとする。これを**規格・形状**（丸鋼・異形鉄筋など）・**径ごとに長さを計測・計算し、それを質量に換算して、t単位**で計上する。なお、拾い出しに当たっては、次の共通事項に注意して行う。

①基礎などの**区分された部材の先端で止まる鉄筋**は、コンクリートの設計寸法をその部分の長さとし、これに設計図書で指定された場合はフックの長さを加える（図3・45）。

②帯筋（フープ）・あばら筋（スタラップ）の長さは、それぞれ柱または梁の断面の設計寸法による周長を鉄筋の長さとし、フックはないものとする。幅止筋の長さは、梁または壁のコンクリートの設計幅または厚さとし、フックはないものとする（図3・46）。

③重ね継手または圧接継手などの継手は、径13mm以下の鉄筋は6.0mごとに、径16mm以上の鉄筋は7.0mごとにあるものとし、径の異なる鉄筋の重ね継手長さは小径によるものとする。なお、圧接継手による鉄筋の長さの変化はないものとする。

④**鉄筋の割付け本数**は、その部分の長さを鉄筋の間隔で割り、小数点以下を切り上げた整数に1を加えたものを原則とする（図3・47）。

ⅰ）区間の鉄筋の間隔が等しい場合は次式による。

$$割付け本数 n[本] = \frac{その部分の長さ[m]}{鉄筋の間隔[m]} + 1 = (小数部繰上げ整数) + 1 \quad \cdots\cdots\cdots (3・23a)$$

ⅱ）区間によって鉄筋の間隔が異なる場合は、境目の鉄筋の重複を考え、次式による。

$$割付け本数 n[本] = \frac{その部分の長さ[m]}{鉄筋の間隔[m]} の和 + 1 = 各部ごとの小数部繰り上げ整数の和 + 1 \quad \cdots (3・23b)$$

⑤開口部による鉄筋の欠除は、原則として開口部の内法寸法による。ただし、1ヶ所当たりの内法面積が0.5m²以下の開口部による鉄筋の欠除はないものとする（図3・48）。なお、**開口補強筋**は設計図書により計算・計測する。

⑥鉄筋の数量を質量に換算する場合は、表3・20に示す鉄筋の単位質量表を用い、kgで換算・集計したのち、tで計上する。

⑦鉄筋についてその所要数量を求める場合は、**設計数量の4%増**を標準とする。

◀1▶ 鉄筋の定着・継手・フックの長さ

鉄筋の定着・継手・フックの長さのとり方や位置は、使用する鉄筋の規格・形状などにより、鉄筋コンクリート構造設計基準・同解説や建築工事標準仕様書・同解説 JASS 5 鉄筋コンクリート工事（日本建築学会）によって規定されているので、鉄筋の積算の前の準備作業として確認しておく必要がある。なお、定着・継手・フックの長さについての早見表を章末の表3・31 (a)(b)に示す。

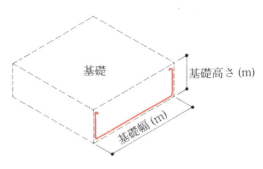

基礎ベース筋長さ l
＝基礎のコンクリート設計寸法＋フック長さ×2
＝基礎幅＋基礎高さ×2＋フック長さ×2

図 3・45　鉄筋の長さ

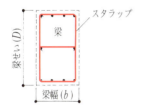

$l=2(b)+2(D)$
スタラップの長さ　$l=2×b+2×D$
幅筋の長さ　$l=b$

図 3・46　フープ・スタラップ・幅止筋の長さ

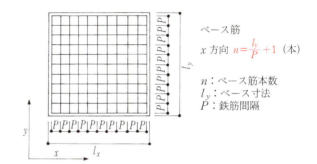

ベース筋
x 方向 $n=\dfrac{l_y}{P}+1$ （本）

n：ベース筋本数
l_y：ベース寸法
P：鉄筋間隔

図 3・47　鉄筋の割付本数の計算例

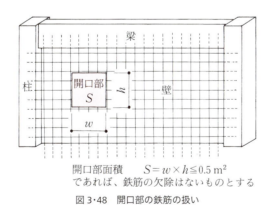

開口部面積　$S=w×h≦0.5\,\mathrm{m}^2$
であれば、鉄筋の欠除はないものとする

図 3・48　開口部の鉄筋の扱い

表 3・20　鉄筋の単位質量表

(a) 異形棒鋼の単位質量表 [kg/m]

呼び名	D10	D13	D16	D19	D22	D25	D29	D32
質量	0.560	0.995	1.56	2.25	3.04	3.98	5.04	6.23

(b) 丸鋼の単位質量表 [kg/m]

呼び名	9	12	16	19	22	25	28	32
質量	0.499	0.888	1.58	2.23	2.98	3.85	4.83	6.31

（2） 鉄筋数量の表示例

設計例の鉄筋の内訳明細書を表3・21に示す。

（3） 基礎（F）

基礎の鉄筋には、**ベース筋、斜め筋、はかま筋**などがあり、その径、形状ごとに計測・計算する。**ベース筋**の長さは基礎のコンクリートの設計寸法をその長さとし、設計図書などで指定された場合は、鉄筋径13mm以下の場合を除き、フックの長さを加えて求める。**斜め筋**の長さは、基礎の対角線の長さとし、ベース筋と同様に考える。なお、**はかま筋、幅止筋**などのある場合は、図示された寸法によるものとする（図3・49）。

計算例　設計例の独立基礎（F₁）の鉄筋数量を求める。

基礎各部の寸法は、図3・50のように、$a = 2.00$m、$b = 2.00$m、端部のフックの長さ = 0.18m となり、ベース筋の長さは、2.00m ＋ 0.18m × 2 = 2.36m　となる

割付け本数は、間隔が0.20mなので、式（3・23a）より、

$$\frac{2.00m}{0.20m} ＋ 1本 = 10.00 ＋ 1本 = 11.00本　⇨　11本　となる。$$

同様に、他方向も2.36mの鉄筋が11本必要となる。

したがって、独立基礎F₁ 1ヶ所の鉄筋数量は、2.36m × (11 ＋ 11)本 = 51.92m　である。

他の部材についても同様に計測・計算する。なお、設計例の基礎の鉄筋数量の計算結果を表3・22に示す。

（4） 基礎梁（FG）

基礎梁の鉄筋には、**上端筋・下端筋・あばら筋・腹筋・幅止筋**などがあり（図3・51）、その径・

表3・21　鉄筋数量の内訳明細書

名称	摘要		数量	単位	単価	金額	備考
鉄筋							所要数量
鉄筋材	SD345A	D10	4.2	t			
鉄筋材	SD345A	D13	6.9	t			
鉄筋材	SD345A	D16	0.6	t			
鉄筋材	SD345A	D19	0.3	t			
鉄筋材	SD345A	D22	3.5	t			
鉄筋材	SD345A	D25	2.4	t			
加工組立			17.9	t			設計数量
圧接							
圧接	SD345A	D16	0	箇所			
圧接	SD345A	D19	12	箇所			
圧接	SD345A	D22	190	箇所			
圧接	SD345A	D25	74	箇所			
溶接				箇所			
特殊継手				箇所			
スパイラルフープ				t			
溶接金網	ϕ 4 × 150 × 150		0.1	t			1.36kg/m²
スペーサー				一式			
鉄筋足場				一式			
運搬				一式			
小計							

基礎 ▶ 基礎梁 ▶ 柱 ▶ 大梁・小梁 ▶ 床板 ▶ 壁 ▶ 階段 ▶ その他

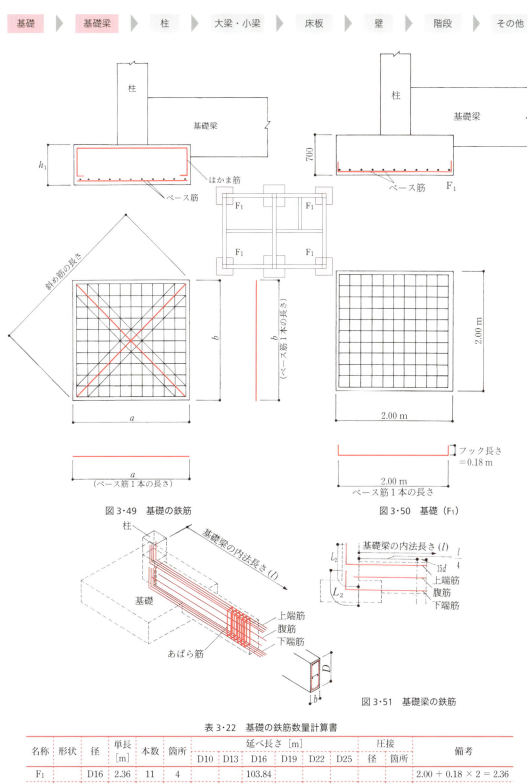

図3・49　基礎の鉄筋　　　　　　　　　　　　図3・50　基礎（F₁）

図3・51　基礎梁の鉄筋

表3・22　基礎の鉄筋数量計算書

名称	形状	径	単長 [m]	本数	箇所	延べ長さ [m]						圧接		備考
						D10	D13	D16	D19	D22	D25	径	箇所	
F₁		D16	2.36	11	4			103.84						2.00 + 0.18 × 2 = 2.36
		D16	2.36	11	4			103.84						2.00 + 0.18 × 2 = 2.36
F₂		D16	2.86	14	2			80.08						2.50 + 0.18 × 2 = 2.86
		D16	2.86	14	2			80.08						2.50 + 0.18 × 2 = 2.86
計								367.84						

3章　鉄筋コンクリート造の積算

形状ごとに計測・計算する。主筋の長さは、梁の内法長さに定着長さや継手長さを加えたものとする。ただし、主筋が柱または梁を通して連続する場合は、同一径の場合は定着長さにかえて接続する部材の幅の $\frac{1}{2}$ を加えるものとし、径が異なる場合はそれぞれに定着をとるものとする。あばら筋の長さは、その梁の断面の周長とし、フックは考えない。腹筋の長さは、設計図書に記載のある場合を除き、梁の内法長さをその長さとし、継手および余長はないものとして計算する。幅止筋の長さは、その梁の幅と同じとする。

また、基礎梁の全長にわたる主筋の継手は、基礎梁スパンが 5.0m の場合は 0.5 ヶ所、5.0m 以上 10.0m 未満の場合は 1 ヶ所、10.0m 以上の場合は 2 ヶ所あるものとする。ただし、単独梁・片持梁については、径 13mm 以下の鉄筋は 6.0m ごとに、径 16mm 以上の鉄筋は 7.0m ごとに継手が 1 ヶ所あるものとする。

計算例　設計例の基礎梁（$_FG_2$）の鉄筋数量を求める。

$_FG_2$ 各部の寸法は、図 3・52 のように、$b = 0.45m$、$D = 0.90m$、$l = 7.62m$ である。

(1) 上端主筋　基礎梁上端筋①の長さは、内法長さに両端の定着長さを加え、

$$7.62m + 0.88m \times 2 = 9.38m \quad となる。$$

$_FG_2$ 1 ヶ所の上端主筋の本数は 4 本配筋されていることより、鉄筋数量は、

$$9.38m \times 4 = 37.52m \quad となる。$$

この梁は単独梁（主筋両端定着）であるから、鉄筋の長さ＝ 9.38m ＞ 7.0m となるので、継手は各主筋に 1 ヶ所あるものとし、圧接箇所数は 4 ヶ所である。

(2) 下端主筋　基礎梁下端筋②の長さも(1)と同様に考え、$7.62m + 0.88m \times 2 = 9.38m$ となる。

$_FG_2$ 1 ヶ所の下端主筋の本数は 4 本配筋されていることより、鉄筋数量は、

$$9.38m \times 4 = 37.52m \quad となる。$$

圧接箇所数も、(1)と同様に考え、継手は各主筋に 1 ヶ所あるものとし、圧接箇所数は 4 ヶ所である。

(3) 腹筋　腹筋③の長さは、その梁の内法長さとすることより 7.62m となる。$_FG_2$ 1 ヶ所の腹筋の鉄筋数量は、2 本あることより、$7.62m \times 2 本 = 15.24m$ となる。

(4) あばら筋　あばら筋④の長さは、基礎梁の断面の周長とすることから、

$$(0.45m + 0.90m) \times 2 = 2.70m \quad となる。$$

割付本数は、式（3・23a）より、

$$\frac{7.62m}{0.15m} + 1 本 = 50.8 + 1 本 \quad \Rightarrow \quad 51 + 1 本 = 52 本 \quad となる。$$

$_FG_2$ 1 ヶ所のあばら筋の鉄筋数量は、52 本あることより、$2.70m \times 52 本 = 140.40m$ となる。

(5) 幅止筋　幅止筋⑤の長さは、その梁幅とすることより、0.45m となる。

割付け本数は、式（3・23a）より、

$$\frac{7.62m}{0.90m} + 1 本 = 8.47 + 1 本 \quad \Rightarrow \quad 9 + 1 本 = 10 本 \quad となる。$$

$_FG_2$ 1 ヶ所の幅止筋の鉄筋数量は、10 本あることより、$0.45m \times 10 本 = 4.50m$ となる。

他の部材も同様に計測・計算する。なお、設計例の基礎梁の鉄筋数量の計算結果を表 3・23 に示す。

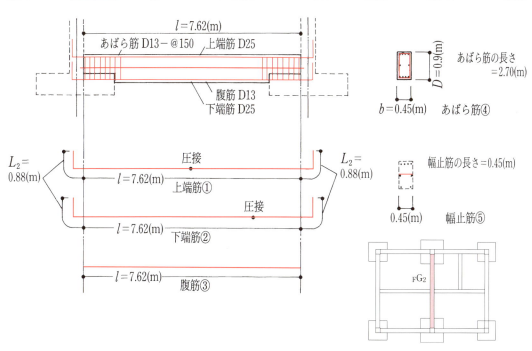

図 3・52 基礎梁 (FG₂)

表 3・23 基礎梁の鉄筋数量計算書

名称	形状	径	単長[m]	本数	箇所	延べ長さ [m] D10	D13	D16	D19	D22	D25	圧接 径	箇所	備考
FG₁	上端筋	D25	6.47	4	4						103.52	D25	16	5.34 + 0.88 + 0.25 = 6.47
	下端筋	D25	6.47	4	4						103.52	D25	16	5.34 + 0.88 + 0.25 = 6.47
	腹筋	D13	5.34	2	4		42.72							
	あばら筋	D13	2.70	37	4		399.60							(0.45 + 0.90) × 2 = 2.70
	幅止筋	D10	0.45	7	4	12.60								
FG₂	上端筋	D25	9.38	4	1						37.52	D25	4	7.62 + 0.88 × 2 = 9.38
	下端筋	D25	9.38	4	1						37.52	D25	4	7.62 + 0.88 × 2 = 9.38
	腹筋	D13	7.62	2	1		15.24							
	あばら筋	D13	2.70	52	1		140.40							(0.45 + 0.90) × 2 = 2.70
	幅止筋	D10	0.45	10	1	4.50								
FG₃	上端筋	D25	9.38	4	2						75.04	D25	8	7.62 + 0.88 × 2 = 9.38
	下端筋	D25	9.38	4	2						75.04	D25	8	7.62 + 0.88 × 2 = 9.38
	腹筋	D13	7.62	2	2		30.48							
	あばら筋	D13	2.70	52	2		280.80							(0.45 + 0.90) × 2 = 2.70
	幅止筋	D10	0.45	10	2	9.00								
	大梁小計					26.10	909.24				432.16	D25	56	
FB₁	上端筋	D25	6.53	3	2						39.18	D25	6	5.42 + 0.88 + 0.23 = 6.53
	下端筋	D25	6.15	3	2						36.90	D25	6	5.42 + 0.50 + 0.23 = 6.15
	腹筋	D13	5.42	2	2		21.68							
	あばら筋	D13	2.30	38	2		174.80							(0.35 + 0.80) × 2 = 2.30
	幅止筋	D10	0.35	8	2	5.60								
FB₂	上端筋	D25	5.45	3	1						16.35			3.69 + 0.88 × 2 = 5.45
	下端筋	D25	4.69	3	1						14.07			3.69 + 0.50 × 2 = 4.69
	腹筋	D13	3.69	2	1		7.38							
	あばら筋	D13	2.30	26	1		59.80							(0.35 + 0.80) × 2 = 2.30
	幅止筋	D10	0.35	6	1	2.10								
	小梁小計					7.70	263.66				106.50	D25	12	
計						33.80	1172.90				538.66	D25	68	

⬤5 柱（C）

柱の鉄筋には、図3·53のような**主筋・帯筋・幅止筋**などがあり、その径・形状ごとに計測・計算する。**主筋**には図3·54のような種類があり、その長さは、各階の階高に定着・継手・フック・余長などの長さを加えたものとする。柱脚の配筋は設計図書によるが、基礎梁上端より定着をとり、これに0.15m以上の折曲げ余長を加える。**フック**は図3·55のように出隅の主筋および最頂部に設ける必要があり、その長さを加算する。柱主筋の継手は、基礎柱については基礎梁上面までの主筋の長さが3.0m以上の場合は1ヶ所、その他の階の柱全長にわたる主筋については各階ごとに1ヶ所あるものとする。かつ、主筋の長さが7.0m以上のときは、7.0mごとに1ヶ所の継手を加える。**帯筋**の長さは、その柱の断面の周長とし、フックは考えない。**幅止筋**の長さは、設計図書を参考にしながらその柱の対応する辺の長さと同じとする。

計算例 設計例の柱（C_2）の鉄筋数量を図3·56を参考にして求める。

○主筋

(1) **基礎柱**

定着長さと、基礎柱とフーチング部分とでは、定着長さの方が短いので、基礎柱上端より基礎底面までを定着部分とし、これに折曲げ余長を加えたものを主筋の長さとする。各部の寸法は、基礎柱の高さ＝0.60m、フーチングの厚さ＝0.70m、折曲げ余長＝0.15mである。したがって、主筋の長さは、0.60m＋0.70m＋0.15m＝1.45m となり、主筋本数は10本である。なお、主筋の長さが3.0m未満であるので、継手はない。

(2) **1階柱**

この柱には、2階まで連続する主筋①が8本、1階で止まる主筋②が2本の計10本の主筋がある。各部の寸法は、1階階高＝3.47m、2階柱への埋込み長さ＝0.40mであるから、
主筋①の長さ＝3.47m、主筋②の長さ＝3.47m＋0.40m＝3.87m である。
1階の全長にわたる主筋が10本あるため、圧接箇所数は10ヶ所となる。

(3) **2階柱**

この柱には、8本の主筋①がある。各部の寸法は、2階階高＝3.23m、フックの長さ＝0.27mであるから、
主筋①の長さ＝3.23m＋0.27m＝3.50m である。
2階の全長にわたる主筋が8本あるため、圧接箇所数は8ヶ所となる。

○帯筋

帯筋の長さは、柱断面の周長とすることから、
（0.50m＋0.50m＋0.50m＋0.50m）＝2.00m となる。

(1) **基礎柱** 割付け本数は、式（3·23a）より、
$$\frac{1.30m}{0.15m}＋1本＝8.66＋1本 \Rightarrow 9本＋1本＝10本 となる。$$

(2) **1階柱** 割付け本数は、式（3·23b）より、
$$\frac{2.77m}{0.10m}＝27.7 \Rightarrow 28本（1階柱内法部分）$$

基礎 → 基礎梁 → **柱** → 大梁・小梁 → 床板 → 壁 → 階段 → その他

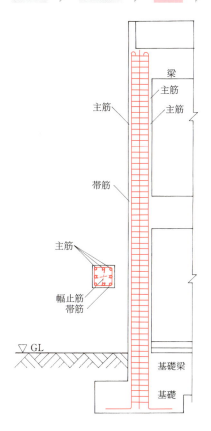

図 3・53　柱の鉄筋

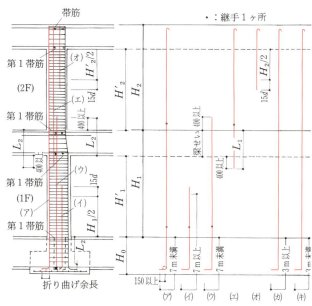

(ア)は最上階まで連続する鉄筋の場合
(イ)は柱脚にのみ配筋する鉄筋の場合
(ウ)は上階の鉄筋に連続しない鉄筋の場合
(エ)は下階より上階に多く配筋する場合
(オ)は柱脚より柱頭の鉄筋が多い場合
(カ)は基礎ばり上面まで3m以上の場合
(キ)は基礎ばり上面まで3m未満の場合
※継手位置は床上1mにあるものとした

図 3・54　柱主筋の種類

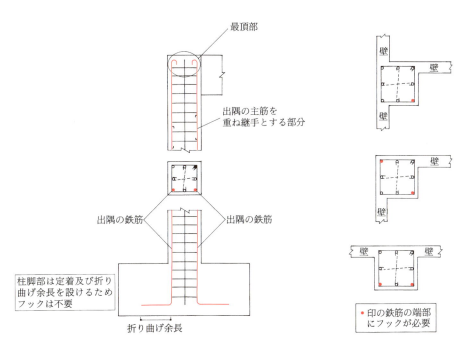

図 3・55　フックを必要とする柱主筋の部分

3章　鉄筋コンクリート造の積算　　63

$$\frac{0.70\text{m}}{0.15\text{m}} = 4.67 \quad \Rightarrow \quad 5\,本（2\,階梁接合部分）$$

となり、1 階柱の帯筋の割付け本数は、28 本＋5 本＋1 本＝34 本　となる。

(3) 2階柱　割付け本数は、式（3・23b）より、

$$\frac{2.58\text{m}}{0.10\text{m}} = 25.8 \quad \Rightarrow \quad 26\,本（2\,階柱内法部分）$$

$$\frac{0.65\text{m}}{0.15\text{m}} = 4.33 \quad \Rightarrow \quad 5\,本（R\,階梁接合部分）$$

となり、2 階柱の帯筋の割付け本数は、26 本＋5 本＋1 本＝32 本　となる。

○幅止筋

幅止筋の長さは、その柱の一辺と同じ長さとすることから、0.50m となる。1 ヶ所の本数は、十字形に配筋されるので 2 本ずつ配置されている。割付け本数は式（3・23a）により、以下のようになる。

(1) 1階柱　配置個所は、

$$\frac{2.77\text{m}}{1.00\text{m}} + 1\,ヶ所 = 2.77 + 1\,ヶ所 \quad \Rightarrow \quad 3\,ヶ所＋1\,ヶ所 = 4\,ヶ所　となり、$$

本数は、4 ヶ所×2 本＝8 本　となる。

(2) 2階柱　配置個所は、

$$\frac{2.58\text{m}}{1.00\text{m}} + 1\,ヶ所 = 2.58 + 1\,ヶ所 \quad \Rightarrow \quad 3\,ヶ所＋1\,ヶ所 = 4\,ヶ所　となり、$$

本数は 4 ヶ所×2 本＝8 本　となる。

他の部材についても同様に計測・計算する。なお、設計例の柱の鉄筋数量の計算結果を表 3・24 に示す。

表 3・24　柱の鉄筋数量計算書

名称	形状	径	単長 [m]	本数	箇所	延べ長さ [m]						圧接		備考
						D10	D13	D16	D19	D22	D25	径	箇所	
FC1	主筋	D22	1.45	8	4					46.40				0.60 + 0.70 + 0.15 = 1.45
	帯筋	D13	2.00	10	4		80.00							0.50 × 4 = 2.00
FC2	主筋	D22	1.45	10	2					29.00				0.60 + 0.70 + 0.15 = 1.45
	帯筋	D13	2.00	10	2		40.00							0.50 × 4 = 2.00
	基礎柱小計						120.00			75.40				
1C1	主筋	D22	3.47	8	4					111.04		D22	32	
	帯筋	D13	2.00	34	4		272.00							0.50 × 4 = 2.00
	幅止筋	D10	0.50	4 × 2	4	16.00								
1C2	主筋①	D22	3.47	8	2					55.52		D22	16	
	主筋②	D22	3.87	2	2					15.48		D22	4	3.47 + 0.40 = 3.87
	帯筋	D13	2.00	34	2		136.00							0.50 × 4 = 2.00
	幅止筋	D10	0.50	4 × 2	2	8.00								
	1 階小計					24.00	408.00			182.04		D22	52	
2C1	主筋	D22	3.50	8	4					112.00		D22	32	3.23 + 0.27 = 3.50　柱頭フック有
	帯筋	D13	2.00	32	4		256.00							0.50 × 4 = 2.00
	幅止筋	D10	0.50	4 × 2	4	16.00								
2C2	主筋①	D22	3.50	8	2					56.00		D22	16	3.23 + 0.27 = 3.50　柱頭フック有
	帯筋	D13	2.00	32	2		128.00							0.50 × 4 = 2.00
	幅止筋	D10	0.50	4 × 2	2	8.00								
	2 階小計					24.00	384.00			168.00			48	
計						48.00	912.00			425.44		D22	100	

基礎 ▶ 基礎梁 ▶ **柱** ▶ 大梁・小梁 ▶ 床板 ▶ 壁 ▶ 階段 ▶ その他

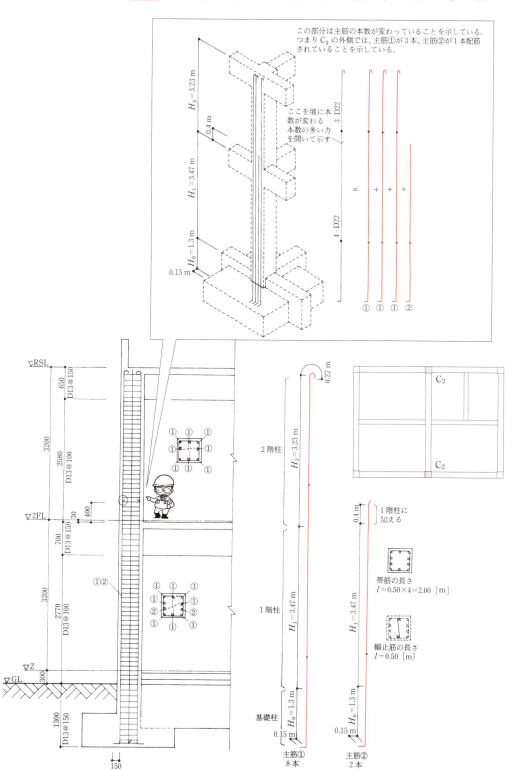

図 3・56 柱主筋（C_2）

3 章 鉄筋コンクリート造の積算

❻ 大梁（G）、小梁（B）

梁の鉄筋には、図3·57のような**上端筋・下端筋・あばら筋・幅止筋**などがあり、その径・形状ごとに計測・計算する。上端筋・下端筋は、設計図書の中でも特に断面リストをよく理解して、その形状を把握する必要がある。梁の全長にわたる**主筋**の長さは、梁の内法長さl_0に図3·58の定着長さを加えたものとする。ただし、主筋が柱または梁を貫通して連続する場合は、同一径の場合は定着長さにかえて接続する部材の幅の$\frac{1}{2}$を加えるものとし、径が異なる場合はそれぞれに定着をとるものとする。また、**中央部下端筋**や**端部上端筋**には、図3·58のように余長をとる。なお、図3·59のような**出隅の鉄筋**にはその端部にフックをつける。

あばら筋の長さは、その梁の断面の周長とし、フックは考えない。**腹筋**の長さは、設計図書に記載がある場合を除き、梁の内法長さをその長さとし、継手および余長はないものとして計算する。**幅止筋**の長さは、その梁の幅と同じとする。

梁の全長にわたる主筋の継手は、梁のスパン長さが5.0m未満の場合は0.5ヶ所、5.0m以上10.0m未満の場合は1ヶ所、10.0m以上の場合は2ヶ所あるものとする。

> **計算例** 設計例の梁（$_2G_1$）の鉄筋数量を求める。

$_2G_1$各部の寸法は、図3·60のように、$b = 0.35$m、$D = 0.60$m、$l = 5.34$mである。

○上端主筋

それぞれの主筋の形状ごとにその長さを考える。

(1) **上端筋①**

梁の全長にわたる鉄筋なので、梁の長さに必要な定着と貫通する柱の幅の$\frac{1}{2}$を加えて考える。各部の寸法は、定着長さ$= 35d = 0.77$m、貫通する柱の幅の$\frac{1}{2} = 0.25$mで、上端筋①の長さは、5.34m + 0.77m + 0.25m = 6.36mとなる。

圧接による継手箇所は、梁のスパン長さが5.34mなので継手は各主筋に1ヶ所あるものとし、圧接箇所数はこの主筋が3本あることより、3ヶ所である。

(2) **上端筋②**

外部端部の上端主筋なので、内法長さの$\frac{1}{4}$に必要な定着$35d$と余長$15d$を加えて考える（図3·58）。

各部の寸法は、$l = \dfrac{l_0}{4} = \dfrac{5.34\text{m}}{4} = 1.335$m ⇨ 1.34m、余長 $= 15d = 0.33$mであり、上端筋②の長さは、1.34m + 0.77m + 0.33m = 2.44mとなる。鉄筋の長さが7.0m以下なので、この主筋の継手はないものとする。

(3) **上端筋③**

内部端部の上端筋なので、内法長さの$\frac{1}{4}$に貫通する柱の幅の$\frac{1}{2}$と余長を加えて考える。各部の寸法は、$l = \dfrac{l_0}{4} = \dfrac{5.34\text{m}}{4} = 1.335$m ⇨ 1.34m、貫通する柱の幅の$\frac{1}{2} = 0.25$m、余長 $= 15d = 0.33$mであり、上端筋③の長さは 1.34m + 0.25m + 0.33m = 1.92m となる。

主筋の長さが連続していることを考慮しても7.0m以下なので、この主筋の継手はないとする。

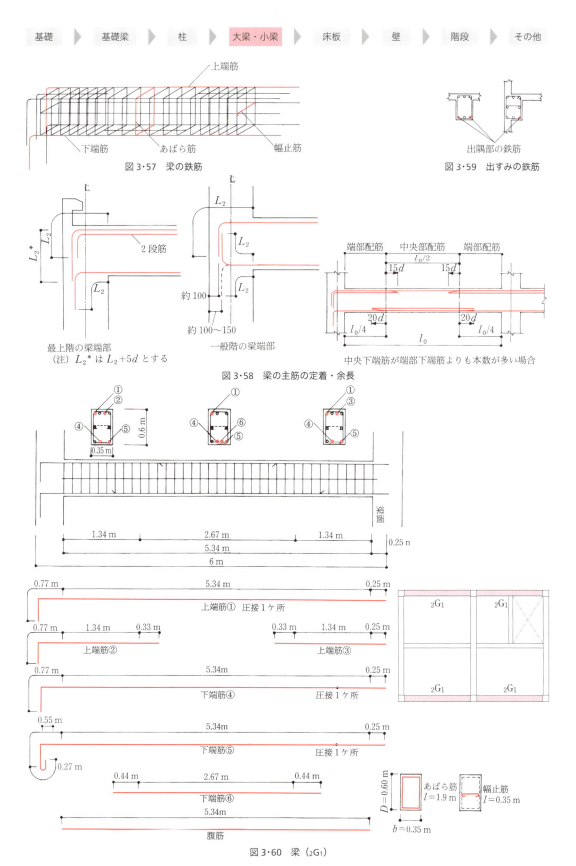

(4) 下端筋④

　梁の全長にわたる鉄筋なので、梁の長さに必要な定着と、貫通する柱の幅の $\frac{1}{2}$ を加えて考える。各部の寸法は、定着長さ $= 35d = 0.77$m、貫通する柱の幅の $\frac{1}{2} = 0.25$m となり、下端筋④の長さは、5.34m $+ 0.77$m $+ 0.25$m $= 6.36$m である。

　圧接による継手箇所は、梁のスパン長さが 5.34m なので継手は各主筋に 1 ヶ所あるものとし、圧接箇所数は、この主筋が 2 本あることより、2 ヶ所である。

(5) 下端筋⑤

　出隅の鉄筋なので端部にフックを付け、定着長さ（$25d$）とフックの長さを加えて考える。

　下端筋⑤の長さは、5.34m $+ 0.55$m $+ 0.27$m $+ 0.25$m $= 6.41$m　となる。

　圧接による継手箇所は、梁のスパン長さが 5.34m なので継手は各主筋に 1 ヶ所あるものとし、圧接箇所数は、この主筋が 1 本あることより、1 ヶ所である。

(6) 下端筋⑥

　中央部のみの下端筋なので、内法長さの $\frac{1}{2}$ に必要な両端の余長を加えて考える。

各部の寸法は、$l = \frac{l_0}{2} = \frac{5.34\text{m}}{2} = 2.67$m、余長 $= 20d = 0.44$m であり（図 3・57）、下端筋⑥の長さは、2.67m $+ 0.44$m $\times 2 = 3.55$m　である。

　鉄筋の長さが 7.0m 以下なのでこの主筋の継手はないものとする。

○腹筋

　腹筋の長さは、その梁の梁のスパン長さとすることより 5.34m であり、これが両側面で 2 本配筋されている。

　$_2$G$_1$ 1 ヶ所の腹筋の鉄筋数量は、5.34m $\times 2 = 10.68$m　となる。

○あばら筋

　あばら筋の長さは、$(0.35$m $+ 0.60$m$) \times 2 = 1.90$m となる。割付け本数は式（3・23a）より、

　$\frac{5.34\text{m}}{0.15\text{m}} + 1$ 本 $= 35.6 + 1$ 本　⇨　$36 + 1$ 本 $= 37$ 本　となる。

　$_2$G$_1$ 1 ヶ所のあばら筋の鉄筋数量は、割付け本数が 37 本ということより、

　1.90m $\times 37$ 本 $= 70.30$m　となる。

○幅止筋

　幅止筋の長さは、その梁幅とすることより 0.35m である。割付け本数は、式（3・23a）より、

　$\frac{5.34\text{m}}{0.90\text{m}} + 1$ 本 $= 5.93 + 1$ 本　⇨　$6 + 1$ 本 $= 7$ 本　となる。

　$_2$G$_1$ 1 ヶ所の幅止筋の鉄筋数量は、0.35m $\times 7$ 本 $= 2.45$m となる。

　他の部材についても同様に計測・計算する。なお、設計例の 2 階の梁の鉄筋数量の計算結果を表 3・25 に示す。

基礎 ▶ 基礎梁 ▶ 柱 ▶ 大梁・小梁 ▶ 床板 ▶ 壁 ▶ 階段 ▶ その他

表3·25　2階梁（$_2$G $_2$B）の鉄筋数量計算書

名称	形状	径	単長[m]	本数	箇所	延べ長さ[m] D10	D13	D16	D19	D22	D25	圧接 径	箇所	備考
$_2$G$_1$	上端筋①	D22	6.36	3	4					76.32		D22	12	5.34 + 0.77 + 0.25 = 6.36
	上端筋②	D22	2.44	1	4					9.76				1.34 + 0.77 + 0.33 = 2.44
	上端筋③	D22	1.92	1	4					7.68				1.34 + 0.25 + 0.33 = 1.92
	下端筋④	D22	6.36	2	4					50.88		D22	8	5.34 + 0.77 + 0.25 = 6.36
	下端筋⑤	D22	6.41	1	4					25.64		D22	4	5.34 + 0.55 + 0.27 + 0.25 = 6.41 出隅フック有
	下端筋⑥	D22	3.55	1	4					14.20				2.67 + 0.44 × 2 = 3.55
	腹筋	D10	5.34	2	4	42.72								
	あばら筋	D10	1.90	37	4	281.20								(0.35 + 0.60) × 2 = 1.90
	幅止筋	D10	0.35	7	4	9.80								
$_2$G$_2$	上端筋	D25	9.38	3	1						28.14	D25	3	7.62 + 0.88 × 2 = 9.38
	上端筋	D25	3.17	2	1						6.34			1.91 + 0.88 + 0.38 = 3.17
	下端筋	D25	9.38	1	1						9.38	D25	1	7.62 + 0.88 × 2 = 9.38
	下端筋	D25	9.48	2	1						18.96	D25	2	7.62 + 0.63 × 2 + 0.30 × 2 = 9.48 出隅フック有
	下端筋	D25	4.81	1	1						4.81			3.81 + 0.50 × 2 = 4.81
	腹筋	D10	7.62	2	1	15.24								
	あばら筋	D10	2.10	52	1	109.20								(0.35 + 0.70) ×2 = 2.10
	幅止筋	D10	0.35	10	1	3.50								
$_2$G$_3$	上端筋	D22	9.16	3	2					54.96		D22	6	7.62 + 0.77 × 2 = 9.16
	上端筋	D22	3.01	2	2					12.04				1.91 + 0.77 + 0.33 = 3.01
	下端筋	D22	9.16	2	2					36.64		D22	4	7.62 + 0.77 × 2 = 9.16
	下端筋	D22	9.26	1	2					18.52		D22	2	7.62 + 0.55 × 2 + 0.27 × 2 = 9.26 出隅フック有
	下端筋	D22	4.69	1	2					9.38				3.81 + 0.44 × 2 = 4.69
	腹筋	D10	7.62	2	2	30.48								
	あばら筋	D10	1.90	52	2	197.60								(0.35 + 0.60) × 2 = 1.90
	幅止筋	D10	0.35	10	2	7.00								
	大梁小計					696.74				316.02	67.63	D22 D25	36 6	
$_2$B$_1$	上端筋	D22	6.52	3	2					39.12		D22	6	5.57 + 0.77 + 0.18 = 6.52
	下端筋	D22	6.19	1	2					12.28		D22	2	5.57 + 0.44 + 0.18 = 6.19
	下端筋	D22	6.24	2	2					24.96		D22	4	5.57 + 0.22 + 0.27 + 0.18 = 6.24 出隅フック有
	腹筋	D10	5.57	2	2	22.28								
	あばら筋	D10	1.80	39	2	140.40								(0.30 + 0.60) × 2 = 1.80
	幅止筋	D10	0.30	8	2	4.80								
$_2$B$_2$	上端筋	D19	5.15	3	1				15.45					3.81 + 0.67 × 2 = 5.15
	下端筋	D19	4.57	2	1				9.14					3.81 + 0.38 × 2 = 4.57
	下端筋	D19	4.65	1	1				4.65					3.81 + 0.19 × 2 + 0.23 × 2 = 4.65 出隅フック有
	あばら筋	D10	1.50	27	1	40.50								(0.25 + 0.50) × 2 = 1.50
	小梁小計					207.98			29.24	76.46			12	
	計					904.72			29.24	392.48	67.63	D22 D25	48 6	

3 章　鉄筋コンクリート造の積算　　69

●7 床板（スラブ：S）

スラブの配筋は、図 3・61 のように、一面で短辺（l_x）方向、長辺（l_y）方向、上端、下端、柱列帯による端部、中央部の配筋を表現しているので、立体的に考える必要がある。**スラブ筋の長さ**は、スラブの内法長さに定着長さなどを加えたものとし、トップ筋や補強筋については設計図書による。梁などを貫通して連続するスラブ筋の長さは、定着長さにかえて貫通する梁などの幅の $\frac{1}{2}$ を加える。全長にわたる**スラブ筋の継手**は、スラブごとに 0.5 ヶ所あるものとし、これにスラブの内法長さ 4.5m ごとに 0.5 ヶ所を加える。ただし、単独スラブ・片持ちスラブでは、スラブ筋が径 13mm 以下では 6.0m、径 16mm 以上は 7.0m ごとに継手が 1 ヶ所あるものとする。**割付け本数**は、式（3・23b）を基本とする。つまり、下端通し筋の間隔により割付け本数を求め、これをもとにそれぞれの鉄筋の本数を求める。設計図書に図示されている場合には本数を数えてもよい。また、同一配筋のスラブが多数ある場合には、代表的箇所の単位面積当たりの鉄筋量を計算し、スラブ面積を乗じて鉄筋数量を求める略算法を用いてもよい。

計算例 設計例のスラブ（$_2$S$_1$）の鉄筋数量を求める。

$_2$S$_1$ 各部の寸法は、図 3・62、図 3・63 のように、$l_x = 3.81$m、$l_y = 5.57$m、$\frac{l_x}{4} = 0.95$m、$\frac{l_x}{2} = 1.91$m となる。図 3・5(b) より、鉄筋は、外端は定着、内端は梁を貫通し連続するものとして考える。

○**短辺方向** $_2$S$_1$ の短辺方向の上端筋・下端筋を図 3・62、図 3・63 に示す。

柱列帯の寸法は、0.95m、柱間帯の寸法は、5.57m － 0.95m × 2 ＝ 3.67m となる。

下端通し筋の割付け本数は、柱列帯では、$\frac{0.95\mathrm{m}}{0.30\mathrm{m}} = 3.17$ ⇨ 4 本、柱間帯では、$\frac{3.67\mathrm{m}}{0.30\mathrm{m}} = 12.23$ ⇨ 13 本となり、柱列帯が両側にあるので、式（3・23b）より、13 本＋ 4 本× 2 ＋ 1 本＝ 22 本 となる。

(1) 上端通し筋①

$l_x = 3.81$m、上端筋定着長さ＝ $35d = 0.46$m、継手長さ＝ 0.52m × 0.5 ＝ 0.26m、貫通する梁の幅の $\frac{1}{2} = 0.15$m であり、上端通し筋①の長さは、3.81m ＋ 0.46m ＋ 0.26m ＋ 0.15m ＝ 4.68m となる。本数は、両側の柱列帯に配筋されるため、肩筋を除き、3 本＋ 3 本＝ 6 本となる。

$_2$S$_1$ 1 ヶ所の上端通し筋①の鉄筋数量は、4.68m × 6 本＝ 28.02m となる。

(2) 上端肩筋②

柱列帯と柱間帯の境目に肩筋を配筋する。この鉄筋は上端通し筋より 1 サイズ大きい鉄筋が用いられることがある。設計例では、鉄筋の径・形状が上端通し筋と同一であり、本数は 2 本である。

$_2$S$_1$ 1 ヶ所の上端肩筋②の鉄筋数量は、4.68m × 2 本＝ 9.36m となる。

(3) 上端トップ筋③

$\frac{l_x}{4} = 0.95$m、上端筋定着長さ＝ 0.46m、貫通する梁の幅の $\frac{1}{2} = 0.15$m、余長＝ $15d = 0.20$m であり、外端側の上端トップ筋の長さは、0.95m ＋ 0.46m ＋ 0.20m ＝ 1.61m、内端側の上端トップ筋の長さは、0.95m ＋ 0.15m ＋ 0.20m ＝ 1.30m となる。

| 基礎 | 基礎梁 | 柱 | 大梁・小梁 | **床板** | 壁 | 階段 | その他 |

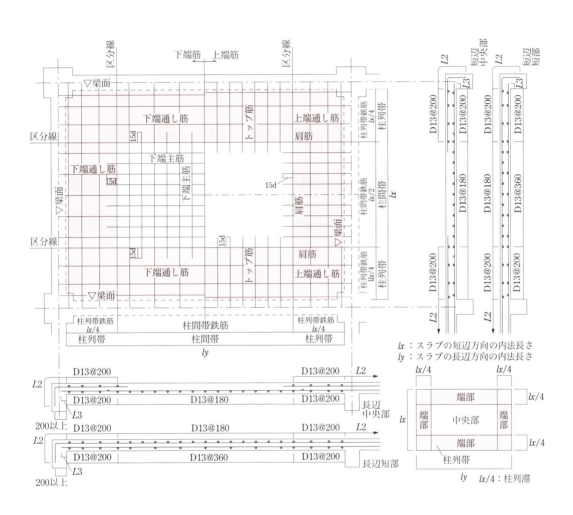

図 3・61　スラブの配筋方法

上端トップ筋の本数は、割付け本数22本のうち上端通し筋と肩筋を除く14本と、両肩筋の間の下端通し筋の間の位置に配筋されることより、外端側・内端側それぞれに、14本＋15本＝29本となる。

$_2$S$_1$ 1ヶ所の上端トップ筋の鉄筋数量は、1.61m × 29本＋1.30m × 29本＝84.39m　となる。

(4) 下端通し筋④

l_x ＝ 3.81m、下端筋定着長さ＝ 0.15m、継手長さ＝ 0.52m × 0.5 ＝ 0.26m、貫通する梁の幅の $\frac{1}{2}$ ＝ 0.15m であり、下端通し筋④の長さは、3.81m ＋ 0.15m ＋ 0.26m ＋ 0.15m ＝ 4.37m　となる。本数は、先に求めたとおり、22本である。

$_2$S$_1$ 1ヶ所の下端通し筋④の鉄筋数量は、4.37m × 22本＝96.14m　となる。

(5) 下端主筋⑤

$\frac{l_x}{2}$ ＝ 1.91m、余長＝ 15d ＝ 0.20m であり、下端主筋⑤の長さは、1.91m ＋ 0.20m × 2 ＝ 2.31m となる。本数は、柱間帯の下端通し筋14本の間に配筋するため、15本となる。

$_2$S$_1$ 1ヶ所の下端主筋⑤の鉄筋数量は、2.31m × 15本＝34.65m　となる。

○長辺方向　$_2$S$_1$の長辺方向の上端筋・下端筋を図3・62、図3・63に示す。

柱列帯の寸法は、0.95m、柱間帯の寸法は、3.81m － 0.95m × 2 ＝ 1.91m　となる。

下端通し筋の割付け本数は、柱列帯では、$\frac{0.95m}{0.30m}$ ＝ 3.17　⇨　4本、柱間帯では、$\frac{1.91m}{0.30m}$ ＝ 6.36　⇨　7本となり、柱列帯が両側にあるので、式（3・23b）より、7本＋4本×2＋1本＝16本　となる。

(1) 上端通し筋⑥

l_y ＝ 5.57m、上端筋定着長さ＝ 35d ＝ 0.46m、継手長さ＝ 0.52m、貫通する梁の幅の $\frac{1}{2}$ ＝ 0.18m であり、上端通し筋①の長さは、5.57m ＋ 0.46m ＋ 0.52m ＋ 0.18m ＝ 6.73m　となる。本数は、両側の柱列帯に配筋されるため、3本＋3本＝6本　となる。

$_2$S$_1$ 1ヶ所の上端通し筋①の鉄筋数量は、6.73m × 6本＝40.38m　となる。

(2) 上端肩筋⑦

柱列帯と柱間帯の境目に肩筋を配筋する。この鉄筋は上端通し筋より1サイズ大きい鉄筋が用いられることがある。設計例では、鉄筋の径・形状が上端通し筋と同一であり、本数は2本である。

$_2$S$_1$ 1ヶ所の上端肩筋②の鉄筋数量は、6.73m × 2本＝13.46m　となる。

(3) 上端トップ筋⑧

$\frac{l_x}{4}$ ＝ 0.95m、上端筋定着長さ＝ 0.46m、貫通する梁の幅の $\frac{1}{2}$ ＝ 0.18m、余長＝ 15d ＝ 0.20m であり、外端側の上端トップ筋の長さは、0.95m ＋ 0.46m ＋ 0.20m ＝ 1.61m、内端側の上端トップ筋の長さは、0.95m ＋ 0.18m ＋ 0.20m ＝ 1.33m となる。上端トップ筋の本数は、割付け本数16本のうち上端通し筋と肩筋を除く8本と、両肩筋の間の下端通し筋の間の位置に配筋されることより、外端側・内端側それぞれに、8本＋9本＝17本　となる。

$_2$S$_1$ 1ヶ所の上端トップ筋の鉄筋数量は、1.61m × 17本＋1.33m × 17本＝49.98m　となる。

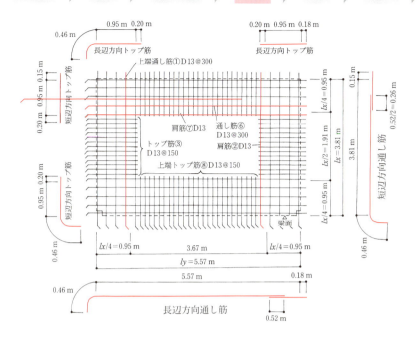

図 3・62　上端筋（₂S₁）

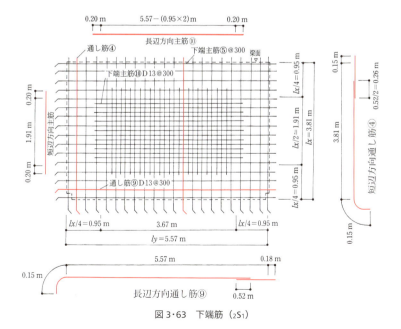

図 3・63　下端筋（₂S₁）

3 章　鉄筋コンクリート造の積算

(4) 下端通し筋⑨

　　$l_y = 5.57$m、下端筋定着長さ $= 0.15$m、継手長さ $= 0.52$m、貫通する梁の幅の $\dfrac{1}{2} = 0.18$m であり、下端通し筋⑨の長さは、5.57m $+ 0.15$m $+ 0.52$m $+ 0.18$m $= 6.42$m　となる。本数は先に求めたとおり 16 本である。

　　$_2S_1$ 1 ヶ所の下端通し筋⑨の鉄筋数量は、6.42m $\times 16$ 本 $= 102.72$m　となる。

(5) 下端主筋⑩

　　5.57m $- 0.95$m $\times 2 = 3.67$m、余長 $= 15d = 0.20$m であり、下端主筋⑩の長さは、3.67m $+ 0.20$m $\times 2 = 4.07$m となる。本数は、柱間帯の下端通し筋 8 本の間に配筋するため、9 本となる。

　　$_2S_1$ 1 ヶ所の下端主筋⑩の鉄筋数量は、4.07m $\times 9$ 本 $= 36.63$m　となる。

　他の部材についても同様に計測・計算する。なお、設計例のスラブの鉄筋数量の計算結果を表 3·26 に示す。

8 壁（W）

　壁筋の長さは、**縦筋**は階高に上下の梁などへの定着と、継手長さを加えたものを原則とし、**横筋**は内法長さに左右の柱などへの定着を加えたものとする。**開口部**がある場合、その内法寸法による面積が 1 ヶ所につき 0.5m² 以下のときは、開口部の鉄筋は差し引かない。開口部の補強筋は、設計図書に図示されるが、通常は図 3·64 のように開口部端部より定着長さをとることが多い。開口部による鉄筋の欠除は、開口部がない状態から開口部に相当する分を差し引いて考える。**鉄筋の継手**は、全長にわたる縦筋については、差し筋などの作業性を加味して各階に 1 ヶ所あるものとし、腰壁や下り壁に継手はないものとする。横筋については D13 以下の鉄筋では 6.0m ごとに 1 ヶ所あるものとする。また、同一配筋の壁が多数ある場合は、代表的箇所の単位面積当たりの鉄筋量を計算し、壁面積を乗じて鉄筋数量を求める略算法を用いてもよい。

計算例　設計例の壁（$_1W_2$）の鉄筋数量を図 3·65 を参考にして求める。

○縦筋

　縦筋は、内法長さに対し、式（3·23a）より、

　　$\dfrac{7.62\text{m}}{0.20\text{m}} + 1 = 38.10 + 1$ 本　⇨　39 本 $+ 1$ 本 $= 40$ 本　となる。

　このうち、開口部にかかる縦筋は、内法幅が 1.80m なので、9 本となる。

　全長にわたる縦筋は、内法高さ $= 2.77$m、定着長さ $= 35d = 0.35$m、継手長さ $= 40d = 0.40$m であることから、縦筋の長さは、2.77m $+ 0.35$m $\times 2 + 0.40$m $= 3.87$m　となり、本数は 31 本である。

　開口部にかかる縦筋の長さは、2.77m $+ 0.35$m $\times 2 - 2.00$m $= 1.47$m　となり、本数は 9 本である。

　したがって、$_1W_2$ 1 ヶ所の縦筋の鉄筋数量は、3.87m $\times 31$ 本 $+ 1.47$m $\times 9$ 本 $= 133.20$m　となる。

○横筋

　横筋は、内法高さに対し、式（3·23a）より、

　　$\dfrac{2.77\text{m}}{0.20\text{m}} + 1 = 13.85 + 1$ 本　⇨　14 本 $+ 1$ 本 $= 15$ 本　となる。

　このうち、開口部にかかる横筋は、内法高さが 2.00m なので、10 本となる。

基礎 ▶ 基礎梁 ▶ 柱 ▶ 大梁・小梁 ▶ 床板 ▶ 壁 ▶ 階段 ▶ その他

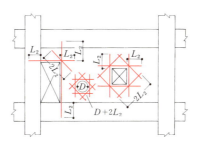

（注）開口部の補強筋は設計図に明示する

図 3・64　鉄筋による開口補強要領

表 3・26　スラブの鉄筋数量計算書

名称	形状	径	単長 [m]	本数	箇所	延べ長さ [m] D10	D13	D16	D19	D22	D25	圧接 径	箇所	備考
₂S₁	短上通①	D13	4.68	6	3		84.24							3.81 + 0.46 + 0.26 + 0.15 = 4.68
	短上肩②	D13	4.68	2	3		28.08							3.81 + 0.46 + 0.26 + 0.15 = 4.68
	短上トップ③	D13	1.61	29	3		140.07							0.95 + 0.46 + 0.20 = 1.61　外端
	短上トップ③	D13	1.30	29	3		113.10							0.95 + 0.15 + 0.20 = 1.30　内端
	短下通④	D13	4.37	22	3		288.42							3.81 + 0.15 × 2 + 0.26 = 4.37
	短下主⑤	D13	2.31	15	3		103.95							1.91 + 0.20 × 2 = 2.31
	長上通⑥	D13	6.73	6	3		121.14							5.57 + 0.46 + 0.52 + 0.18 = 6.73
	長上肩⑦	D13	6.73	2	3		40.38							5.57 + 0.46 + 0.52 + 0.18 = 6.73
	長上トップ⑧	D13	1.61	17	3		82.11							0.95 + 0.46 + 0.20 = 1.61　外端
	長上トップ⑧	D13	1.33	17	3		67.83							0.95 + 0.18 + 0.20 = 1.33　内端
	長下通⑨	D13	6.42	16	3		308.16							5.57 + 0.15 + 0.52 + 0.18 = 6.42
	長下主⑩	D13	4.07	9	3		109.89							3.67 + 0.20 × 2 = 4.07
₂S₂	短上通	D13	3.62	27	1		97.74							2.70 + 0.46 × 2 = 3.62
	短下通	D13	3.00	27	1		81.00							2.70 + 0.15 × 2 = 3.00
	長上通	D13	4.73	19	1		89.87							3.81 + 0.46 × 2 = 4.73
	長下通	D13	4.11	19	1		78.09							3.81 + 0.15 × 2 = 4.11
	2 階小計						1834.07							
ᵣS₁	短上通	D13	4.79	39	3		560.43							3.89 + 0.46 + 0.26 + 0.18 = 4.79
	短下通	D13	4.48	39	3		524.16							3.89 + 0.15 + 0.26 + 0.18 = 4.48
	長上通	D13	6.78	27	3		549.18							5.62 + 0.46 + 0.52 + 0.18 = 6.78
	長下通	D13	6.47	27	3		524.07							5.62 + 0.15 + 0.52 + 0.18 = 6.47
ᵣS₂−1	短上通	D13	3.55	27	1		95.85							2.70 + 0.46 + 0.26 + 0.13 = 3.55
	短下通	D13	3.24	27	1		87.48							2.70 + 0.15 + 0.26 + 0.13 = 3.24
	長上通	D13	4.81	19	1		91.39							3.89 + 0.46 × 2 = 4.81
	長下通	D13	4.19	19	1		79.61							3.89 + 0.15 × 2 = 4.19
ᵣS₂−2	短上通	D13	3.52	27	1		95.04							2.67 + 0.46 + 0.26 + 0.13 = 3.52
	短下通	D13	3.21	27	1		86.67							2.67 + 0.15 + 0.26 + 0.13 = 3.21
	長上通	D13	4.81	19	1		91.37							3.89 + 0.46 × 2 = 4.81
	長下通	D13	4.19	19	1		79.61							3.89 + 0.15 × 2 = 4.19
	R 階小計						2864.88							
	計						4698.95							

凡例　短：短辺方向　　　通：通し筋　　　　したがって、短上通とは、短辺方向の上端の通し筋のことである。
　　　長：長辺方向　　　トップ：トップ筋
　　　上：上端　　　　　主：主筋
　　　下：下端　　　　　肩：肩筋

3 章　鉄筋コンクリート造の積算　　75

全長にわたる横筋は、内法長さ＝ 7.62m、定着長さ＝ 35d ＝ 0.35m、継手長さ＝ 40d ＝ 0.40m であることから、横筋の長さは、7.62m ＋ 0.35m × 2 ＋ 0.40m ＝ 8.72m　となり、本数は 5 本である。

　開口部にかかる横筋の長さは、7.62m ＋ 0.35m × 2 － 1.80m ＝ 6.52m　となり、本数は 10 本である。

　したがって、$_1$W$_2$ 1 ヶ所の横筋の鉄筋数量は、8.72m × 5 本＋ 6.52m × 10 本＝ 108.80m　となる。

○開口補強筋

　D13 を用いているので、35d ＝ 0.46m である。

(1) 縦方向　補強筋の長さは、2.00m ＋ 0.46m × 2 ＝ 2.92m、本数は左右の 2 本であり、縦方向の補強筋の鉄筋数量は、2.92m × 2 本＝ 5.84m　となる。

(2) 横方向　補強筋の長さは、1.80m ＋ 0.46m × 2 ＝ 2.72m、本数は上部の 1 本であり、横方向の補強筋の鉄筋数量は、2.72m × 1 本＝ 2.72m　となる。

(3) 斜め方向　定着を 35d ずつとり、補強筋の長さは、0.46m × 2 ＝ 0.92m、本数は上隅に 2 本であり、斜め方向の補強筋の鉄筋数量は、0.92m × 2 本＝ 1.84m　となる。

　他の部材についても同様に計測・計算する。なお、設計例の 1 階の壁の鉄筋数量の計算結果を表 3・27 に示す。

9　階段

　階段の鉄筋には、段スラブや踊り場の**主筋**と**配力筋・段筋・受筋・壁の補強筋**などがある。段スラブの**主筋**の長さは内法幅に定着長さを、**配力筋**は斜面の長さに上下の定着長さを加えたものとする。**段筋**の長さは、階段のけ上げ・踏面の長さに上下の定着長さを加えたものとする。なお、段スラブの鉄筋の定着は梁と同様に扱う。壁に補強筋がある場合は図示によるが、壁など他の部分に配筋されていても階段の鉄筋に属する。

計算例　設計例の階段の鉄筋数量を図 3・66 より求める。

○段スラブ

(1) 上端主筋

　内法幅 ws ＝ 1.30m、定着長さ＝ 35d ＝ 0.56m であり、鉄筋の長さは、1.30m ＋ 0.56m ＝ 1.86m となり、本数は各段にあるため 8 本となる。

　上端主筋の鉄筋数量は、1.86m × 8 本＝ 14.88m　となる。

(2) 下端主筋

　内法幅 ws ＝ 1.30m、定着長さ＝ 25d ＝ 0.33m であり、鉄筋の長さは、1.30m ＋ 0.33m ＝ 1.63m となり、本数は 8 本となる。

　下端主筋の鉄筋数量は、1.63m × 8 本＝ 13.04m となる。

(3) 配力筋

　斜面の長さ＝ 2.56m、定着長さ＝ 25d ＝ 0.25m であり、鉄筋の長さは、2.56m ＋ 0.25m × 2 ＝ 3.06m となり、割付け本数は、式（3・23a）より、

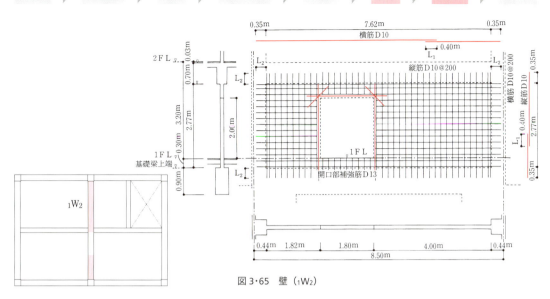

図 3・65 壁 ($_1W_2$)

表 3・27 1 階壁の鉄筋数量計算書

名称	形状	径	単長[m]	本数	箇所	延べ長さ [m] D10	D13	D16	D19	D22	D25	圧接 径	箇所	備考
$_1W_1$	縦筋	D10	3.97	40×2	2	635.20								
	横筋	D10	8.72	16×2	2	558.08								
$_1W_2$	縦筋	D10	3.87	31	1	119.97								
	縦筋	D10	1.47	9	1	13.23								
	横筋	D10	8.72	5	1	43.60								
	横筋	D10	6.52	10	1	65.20								
	縦補強筋	D13	2.92	2	1		5.84							
	横補強筋	D13	2.72	1	1		2.72							
	斜補強筋	D13	0.92	2	1		1.84							
$_1W_3$	縦筋	D10	3.97	2	2	15.88								
	縦筋	D10	2.37	26	2	123.24								
	横筋	D10	6.44	10	2	128.80								
	横筋	D10	0.94	6	2	11.28								
	縦補強筋	D13	2.12	2	2		8.48							
	横補強筋	D13	6.54	2	2		26.16							
	斜補強筋	D13	0.92	4	2		7.36							
$_1W_4$	縦筋	D10	3.97	23	1	91.31								
	縦筋	D10	2.37	5	1	11.85								
	横筋	D10	6.44	10	1	64.40								
	横筋	D10	5.14	6	1	30.84								
	縦補強筋	D13	2.12	2	1		4.24							
	横補強筋	D13	1.82	2	1		3.64							
	斜補強筋	D13	0.92	4	1		3.68							
$_1W_5$	縦筋	D10	4.07	21×2	1	170.94								
	縦筋	D13	4.41	1×2	1		8.82							
	横筋	D10	4.89	16×2	1	156.48								
	計					2240.30	72.78							

3 章 鉄筋コンクリート造の積算

$\dfrac{1.30\text{m}}{0.20\text{m}}+1本=6.50+1本 \Rightarrow 7+1本=8本$　となる。

配力筋の鉄筋数量は、3.06m×8本＝24.48m　となる。

(4) 段筋

　　段数＝8段、け上げ＝0.20m、踏面＝0.26m、定着長さ＝35d＝0.35mであり、段筋の長さは、0.20m×8段＋0.26m×7段＋0.35m×2ヶ所＝4.12m　となり、割付け本数は、配力筋と同じ8本となる。

　　段筋の鉄筋数量は、4.12m×8本＝32.96m　となる。

(5) 受筋

　　主筋の受けとして壁に斜めに配筋され、階段の長さに定着長さを加えたものとする。

　　斜面の長さは、2.56m、定着長さは、35dを両端にとるため、

　　上端筋受筋の鉄筋の長さは、2.56m＋0.56m×2＝3.68m　となり、

　　下端筋受筋の鉄筋の長さは、2.56m＋0.46m×2＝3.48m　となる。

○補強筋

　受け壁の補強筋を、上下の梁に定着をとる形で、壁縦筋の間に段スラブの範囲に配筋する。

　壁の内法高さ＝2.77m、定着長さ＝35d＝0.35m、継手長さ＝40d＝0.40m　となり、鉄筋の長さは2.77m＋0.35m×2＋0.40m＝3.87m　となる。

　割付け本数は$\dfrac{1.87\text{m}}{0.20\text{m}}+1本=9.35+1本 \Rightarrow 10+1本=11本$　となり、これが複配筋される。

　補強筋の鉄筋数量は、3.87m×11本×2×2ヶ所＝170.28m　となる。

　設計例の階段の鉄筋数量の計算結果を表3・28に示す。

78

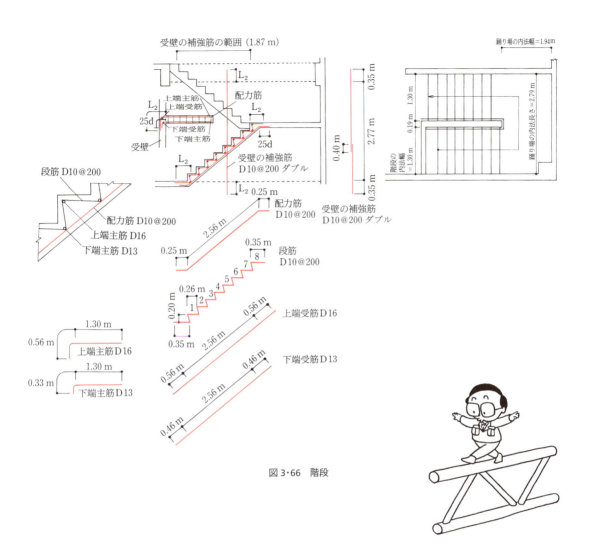

図 3・66 階段

表 3・28 階段の鉄筋数量計算書

名称	形状	径	単長 [m]	本数	箇所	延べ長さ [m] D10	D13	D16	D19	D22	D25	圧接 径	圧接 箇所	備考
階段	上端主筋	D16	1.86	8	2			29.76						$1.30 + 0.56 = 1.86$
	下端主筋	D13	1.63	8	2		26.08							$1.30 + 0.33 = 1.63$
	配力筋	D10	3.06	8	2	48.96								$2.56 + 0.25 \times 2 = 3.06$
	段筋	D10	4.12	8	2	65.92								$0.20 \times 8 + 0.26 \times 7 + 0.35 \times 2 = 4.12$
	踊り場主筋	D10	3.58	11×2	1	78.76								$2.88 + 0.35 \times 2 = 3.58$
	踊り場配力筋	D10	2.64	16×2	1	84.48								$1.94 + 0.35 \times 2 = 2.64$
	上端受筋	D16	3.68	1	2			7.36						$2.56 + 0.56 \times 2 = 3.68$
	下端受筋	D13	3.48	1	2		6.96							$2.56 + 0.46 \times 2 = 3.48$
	補強筋	D10	3.87	11×2	2	170.28								$2.77 + 0.35 \times 2 + 0.40 = 3.87$
計						448.40	33.04	37.12						

3 章 鉄筋コンクリート造の積算

10 その他

ひさしの鉄筋は、片持ちスラブとして、パラペットの鉄筋は壁に準じて拾い出す。

計算例　設計例のX_0通りのパラペットの鉄筋数量を、図3・67を参考にして求める。

○縦筋

$h = 0.60$m、定着長さ$= 35d = 0.35$m となり、鉄筋の長さは、0.60m + 0.35m = 0.95m　となる。

割付け本数は、式（3・23a）より、$\dfrac{8.50\text{m}}{0.20\text{m}} + 1$本 = 42.5 + 1本　⇨　43 + 1本 = 44本　となり、これが複配筋されているため、X_0通りの縦筋の鉄筋数量は、0.95m × 44本 × 2ヶ所 = 83.60m　となる。

○横筋

$l = 8.50$m、定着長さ$= 35d = 0.35$m、継手長さ$= 0.40$m となり、鉄筋の長さは、8.62m + 0.35m × 2ヶ所 + 0.40 = 9.72m　となる。

割付け本数は、式（3・23a）より、

$\dfrac{0.60\text{m}}{0.20\text{m}} + 1$本 = 3.00 + 1本　⇨　3 + 1本 = 4本　となり、

これが複配筋されているため、X_0通りの横筋の鉄筋数量は、9.72m × 4本 × 2ヶ所 = 77.76m である。

パラペットの鉄筋数量の計算結果を表3・29に示す。

11 鉄筋の集計表

各区分ごとに計測・計算された鉄筋の数量を、単位質量を乗じることにより質量に換算する。

$$\text{鉄筋の質量 [t]} = \frac{\text{鉄筋の延べ長さ[m]} \times \text{単位質量[kg/m]}}{1000} \quad\cdots\cdots\cdots\cdots\cdots(3\cdot24)$$

また、圧接箇所数も各径ごとに集計する。なお、必要に応じて各区分ごとに質量換算して集計することもある。集計表の例を表3・30に示す。

表3・29　その他の鉄筋数量計算書

| 名称 | 形状 | 径 | 単長[m] | 本数 | 箇所 | 延べ長さ [m] | | | | | | 圧接 | | 備考 |
						D10	D13	D16	D19	D22	D25	径	箇所	
パラペット	縦筋	D10	0.95	44×2	2	167.20								0.60 + 0.35 = 0.95
	縦筋	D10	0.95	62×2	2	235.60								0.60 + 0.35 = 0.95
	横筋	D10	9.72	4×2	2	155.52								8.62 + 0.35 × 2 + 0.40 = 9.72
	横筋	D10	13.44	4×2	2	215.04								11.94 + 0.35 × 2 + 0.4 × 2 = 13.44
	計					773.36								
土間	溶接金網	φ4												(8.38 × 11.82) × 1.36 = 134.71kg
計						773.36								

| 基礎 | ▶ | 基礎梁 | ▶ | 柱 | ▶ | 大梁・小梁 | ▶ | 床板 | ▶ | 壁 | ▶ | 階段 | ▶ | その他 |

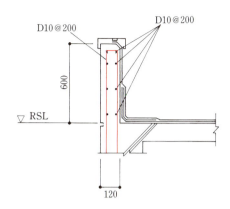

図 3・67　パラペット

表 3・30　鉄筋数量の集計表の例

区分	径		D10 (0.560)	D13 (0.995)	D16 (1.56)	D19 (2.25)	D22 (3.04)	D25 (3.98)
基礎	延べ長さ	[m]			367.84			
	鉄筋質量	[kg]			573.83			
	圧接	[箇所]						
基礎梁	延べ長さ	[m]	33.80	1172.90				538.66
	鉄筋質量	[kg]	18.93	1167.04				2143.87
	圧接	[箇所]						68
柱	延べ長さ	[m]	48.00	912.00			425.44	
	鉄筋質量	[kg]	26.88	907.44			1293.34	
	圧接	[箇所]					100	
梁	延べ長さ	[m]	1760.44			139.32	739.83	67.63
	鉄筋質量	[kg]	785.85			313.47	2249.08	269.17
	圧接	[箇所]				12	90	6
スラブ	延べ長さ	[m]		4698.95				
	鉄筋質量	[kg]		4675.46				
	圧接	[箇所]						
壁	延べ長さ	[m]	4502.36	166.08				
	鉄筋質量	[kg]	2521.32	165.25				
	圧接	[箇所]						
階段	延べ長さ	[m]	448.40	33.04	37.12			
	鉄筋質量	[kg]	251.1	32.87	57.91			
	圧接	[箇所]						
その他	延べ長さ	[m]	773.36					
	鉄筋質量	[kg]	433.08					
	圧接	[箇所]						
小計	延べ長さ	[m]	7566.36	6982.97	404.96	139.32	1165.27	606.29
	鉄筋質量	[kg]	4237.16	6948.06	631.74	313.47	3542.42	2413.04
	圧接	[箇所]				12	190	74

表 3・31　鉄筋参考表（『建築数量積算基準・同解説』を基に作成）

(a) 鉄筋のフックの長さ　［単位：m］

(1)曲げ角 180° の場合

4d以上

〔SR235、SR295、SD295A、SD295B、SD345〕
d が 16 以下　D ≧ 3d 以上
d が 19〜41　D ≧ 4d 以上

〔SD390〕
d が 41 以下　D ≧ 5d 以上

呼び名に用いた数値 d	SR235 SR295	SD295A、SD295B SD345	SD390
9	0.10	—	—
10	—	0.11	—
13	0.14	0.14	—
16	0.17	0.17	—
19	0.23	0.23	—
22	0.27	0.27	—
25	0.30	0.30	0.34
28	—	—	—
29	0.35	0.35	0.39
32	—	0.38	0.43
35	—	0.42	0.47
38	—	0.46	0.51
41	—	0.49	0.56

(2)曲げ角 135° の場合

6d以上

〔SR235、SR295、SD295A、SD295B、SD345〕
d が 16 以下　D ≧ 3d 以上
d が 19〜41　D ≧ 4d 以上

〔SD390〕
d が 41 以下　D ≧ 5d 以上

呼び名に用いた数値 d	SR235 SR295	SD295A、SD295B SD345	SD390
9	0.10	—	—
10	—	0.11	—
13	0.14	0.14	—
16	0.18	0.18	—

(3)曲げ角 90° の場合

8d以上

〔SR235、SR295、SD295A、SD295B、SD345〕
d が 16 以下　D ≧ 3d 以上
d が 19〜41　D ≧ 4d 以上

〔SD390〕
d が 41 以下　D ≧ 5d 以上

〔SD490〕
d が 25 以下　D ≧ 5d 以上
d が 29〜41　D ≧ 6d 以上

呼び名に用いた数値 d	SR235 SR295	SD295A、SD295B SD345	SD390	SD490
9	0.10	—	—	—
10	—	0.12	—	—
13	0.15	0.15	—	—
16				
19	0.23	0.23	—	—
22	0.27	0.27	—	—
25	0.30	0.30	0.32	—
28	—	—	—	—
29	0.35	0.35	0.37	—
32	—	0.39	0.41	—
35	—	0.42	0.45	0.48
38	—	0.46	0.49	0.52
41	—	0.49	0.53	0.56

（注）
① d は丸鋼では径、異形鉄筋では呼び名に用いた数値とする。
② スパイラル筋の重ね継手部に 90°フックを用いる場合は、余長は 12d 以上とする。
③ 片持ちスラブ先端、壁筋の自由端側の先端で 90°フックまたは 180°フックを用いる場合は、余長は 4 以上とする。
④ スラブ筋、壁筋には、溶接金網を除いて丸鋼を使用しない。
⑤ 折り曲げ内法直径を上表の数値よりも小さくする場合は、事前に鉄筋の曲げ試験を行い支障ないことを確認した上で、工事監理者の承認を得ること。
⑥ SD490 の鉄筋を 90°を超える曲げ角度で折り曲げ加工する場合は、事前に鉄筋の曲げ試験を行い支障ないことを確認した上で、工事監理者の承認を得ること。

(b) 鉄筋の定着、重ね継手の長さおよび鉄筋径の倍数表

コンクリートの設計基準強度 (Fc (N/mm²)) 普通コンクリート	鉄筋種類	重ね継手		定着				
		直線重ね継手	フック付き重ね継手	一般		下端筋		—
				直線定着	フック付き定着	直線定着	フック付き定着	スラブ
		L₁	L₁h	L₂	L₂h	L₃(小梁)	L₃h(小梁)	
18	SD295A、SD295B	45d	35d	40d	30d	20d	10d	10d かつ 150mm 以上
	SD345	50d	35d	40d	30d	20d	10d	
21	SD295A、SD295B	40d	30d	35d	25d	20d	10d	10d かつ 150mm 以上
	SD345	45d	30d	35d	25d	20d	10d	
	SD390	50d	35d	40d	30d	20d	10d	
24 〜 27	SD295A、SD295B	35d	25d	30d	20d	20d	10d	10d かつ 150mm 以上
	SD345	35d	25d	30d	20d	20d	10d	
	SD390	45d	35d	40d	30d	20d	10d	
	SD490	55d	40d	45d	35d	—	—	—
30 〜 36	SD295A、SD295B	35d	25d	30d	20d	20d	10d	10d かつ 150mm 以上
	SD345	35d	25d	30d	20d	20d	10d	
	SD390	40d	30d	35d	25d	20d	10d	
	SD490	50d	35d	40d	30d	—	—	—
39 〜 45	SD295A、SD295B	30d	20d	25d	15d	20d	10d	10d かつ 150mm 以上
	SD345	35d	25d	30d	20d	20d	10d	
	SD390	40d	30d	35d	25d	20d	10d	
	SD490	45d	35d	40d	30d	—	—	—
48 〜 60	SD295A、SD295B	30d	20d	25d	15d	20d	10d	10d かつ 150mm 以上
	SD345	30d	20d	25d	15d	20d	10d	
	SD390	35d	25d	30d	20d	20d	10d	
	SD490	40d	30d	35d	25d	—	—	—

鉄筋径の倍数長さ [m]									
倍数 ＼ 呼び名に用いた数値	9	10	13	16	19	22	25	28	29
10d	0.09	0.10	0.13	0.16	0.19	0.22	0.25	0.28	0.29
15d	0.14	0.15	0.20	0.24	0.29	0.33	0.38	0.42	0.44
20d	0.18	0.20	0.26	0.32	0.38	0.44	0.50	0.56	0.58
25d	0.23	0.25	0.33	0.40	0.48	0.55	0.63	0.70	0.73
30d	0.27	0.30	0.39	0.48	0.57	0.66	0.75	0.84	0.87
35d	0.32	0.35	0.46	0.56	0.67	0.77	0.88	0.98	1.02
40d	0.36	0.40	0.52	0.64	0.76	0.88	1.00	1.12	1.16
45d	0.41	0.45	0.59	0.72	0.86	0.99	1.13	1.26	1.31
50d	0.45	0.50	0.65	0.80	0.95	1.10	1.25	1.40	1.45

(注)
①軽量コンクリートを使用する場合の鉄筋の定着長さ及び重ね継手の長さは特記による。
　特記がない場合は、Fc ≦ 36N/m2 の軽量コンクリートと SD490 以外の異形鉄筋を対象として、 表中の数値に 5d 以上加算した定着長さ及び継手の長さとし、工事監理者の承認を得ること。なお、鉄筋の下に 300mm 以上の軽量コンクリートを打ち込む部材の上端部の重ね継手はフック付きとする。
②d は、異形鉄筋の呼び名の数値を表し、丸鋼には適用しない。
③直径の異なる鉄筋相互の重ね継手の長さは、細い方の d による。
④フック付き鉄筋の定着長さ L₂h は、定着起点から鉄筋の折曲げ開始点までの距離とし、折曲げ開始点以降のフック部は定着長さに含まない。
⑤フック付き重ね継手の長さは、鉄筋の折曲げ開始点間の距離とし、折曲げ開始点以降のフック部は継手長さに含まない。
⑥フック付き鉄筋の長さ L₃h は、定着起点から鉄筋の折曲げ開始点までの距離とし、 折曲げ開始点以降のフック部は定着長さに含まない。
⑦フックの折り曲げ内法直径 D および余長は、特記のない場合は表 5(1) 鉄筋のフックの長さによる。
⑧耐圧スラブの下端筋の定着長さは、定着の一般による。

3 章　鉄筋コンクリート造の積算　83

4 鉄骨造の積算

　鉄骨造は、柱や梁などの各部材を形鋼や鋼板などを組み合せて、これらの部材をボルトや溶接などを用いて、架構を構成する構造である。

　鉄骨の数量積算は、それらの材料を一つずつ拾い出す作業である。これらの鋼材や接合部材にはさまざまな規格や形状寸法があり、実際の建築物では、各部材に生じる応力に応じたものを組み合せて用いられている。

　積算を行うに当たっては、事前に設計図書をよく読んで使用されている材料の規格や形状寸法などを明確に整理しておくことが大切である。

4・1　積算の区分と順序

（1）　積算の区分

　鉄骨については、図4・1に示すように工場製作を重点とした鉄骨独自の区分により計測・計算する。

1）柱

　鉄骨の柱は、数階分を 1 本とした節柱（せっぱしら）として、次のように区分する。

①第 1 節柱　最下部の節柱で、ベースプレートの下面から接合位置まで。

②中間節柱　中間階の節柱で、各節柱の下部接合位置から上部接合位置まで（建築物の高さや階数により複数本になる）。

③最上部節柱　最上部の節柱で、下部接合位置から節柱最頂部まで。

　なお、柱と梁の仕口部分は、柱に含まれるものとする。

2）梁

　梁は、図4・2、図4・3に示すように柱と接合するガセットプレートなどの接合部材を除く横架材の部分である。節柱に接する節梁（せつばり）の場合は、節柱の仕口間の範囲となる。

3）ブレース

　鉄骨ブレースには鉛直ブレース、水平ブレースなどがある。柱、梁に接合するブレースの接合部材は、原則として接合するブレースの部分に含まれる。

4）階段

　鉄骨階段は、柱や梁と区分して段板、ささら桁および踊り場を階段の部分とする。また、手すりなどの付随する部分や柱・梁など他の部材との接合部材も階段に含まれる。

5）その他

　前述の柱、梁、ブレース、階段に含まれない部分をその他の部材という。たとえば、庇、バルコニー、床板などがあり、これらを取付けるための接合部材もその他の部分とする。

　なお、接合部に用いられるスプライスプレート（添え板）や高力ボルトなどの接合部材については、接合する後の部材に含めて計上する。たとえば、図4・3（a）の場合、第 1 節柱に第 2 節柱が接合されるので、接合部材は後の部材である第 2 節柱の部分に含まれる。また、図4・3（b）、（c）の場合、

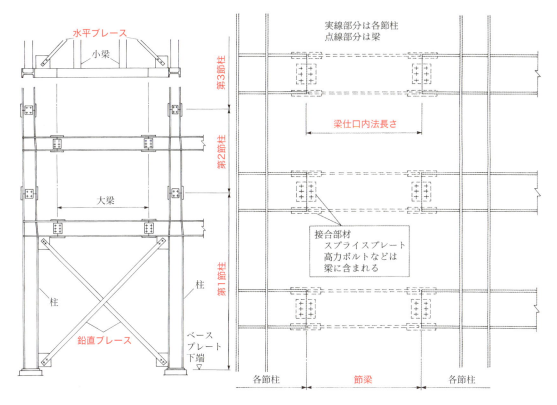

図 4・1 鉄骨の各部分の積算上の名称と区分

図 4・2 柱と梁の区分

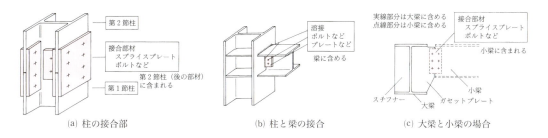

(a) 柱の接合部　　(b) 柱と梁の接合　　(c) 大梁と小梁の場合

図 4・3 接合部材の扱い方

図 4・4 鉄骨部分の積算順序

4 章 鉄骨造の積算

柱と節梁の接合部材は梁に含め、大梁と小梁の接合部材は小梁に含まれる。

（2） 積算の順序

積算の順序は、下の部材から上の部材へ進められる。また、鉄骨部材の積算は、図4・4のように柱・梁などの構造主材を先に拾ってから、接合用の補助材やボルト・溶接などを拾い出す。

4・2　鉄骨の数量

（1） 鉄骨の細目

鉄骨の細目の例を表4・1に示す。

（2） 鋼材の数量

形鋼・平鋼・鋼板など鋼材は、各部分ごとに規格、形状寸法に区分して計測・計算する。鋼材の規格、形状寸法には付表4・2（p.115）、付表4・3（p.116）のような種類があり、その建築物に使用されている鋼材を的確に把握することが大切である。

数量の算出に当たっては、形鋼類は長さを、鋼板類は面積を設計寸法より求め、それぞれの延べ長さ、延面積にJISに定める（付表4・1、p.114）単位質量を乗じて質量［t］で計上する。ただし、鋼板類で複雑な形状のものは、図4・5のようにその面積に近似する長方形に置き換えて計測する。

$$形鋼の設計数量［t］＝延べ長さ［m］× 単位質量［kg/m］× \frac{1}{1000}$$ ……………(4・1)

$$鋼板類の設計数量［t］＝延面積［m^2］× 単位質量［kg/m^2］× \frac{1}{1000}$$ ………(4・2)

（3） 鋼材の欠除部分

接合部のボルト類の孔明け、溶接のための開先加工、スカラップ（図4・6(a)）、柱・梁などの接合部の組立に必要なクリアランス（図4・6(b)）などによる鋼材の欠除部分は、原則としてこれを差し引かない。

また、（図4・6(c)）のようなダクト孔なども1ヶ所当たり0.1m²以下（直径約36cmの円）のものは、差し引かなくてよい。

（4） 補助材の寸法

ラチス材やスプライスプレートなどの長さは、設計図に示された寸法より計測する。図示のない場合は、図4・7のように接続する主材の厚さおよび逃げはないものとする。

（5） ボルトの数量

ボルトの種類には高力ボルト、普通ボルト、スタッドボルトなどがある。ボルト類の数量は、規格、形状、寸法ごとに個数または重量に換算したものを設計数量とする。

高力ボルトの長さは、図4・8に示すように首下長さとし、接合する板厚に表4・2の「締付け長さに加える長さS」を加えた長さとする。

$$高力ボルトの長さ ＝ 締付け長さ ＋ 締付け長さに加える長さ S$$ …………………(4・3)

なお、高力ボルトの規格長さが5mm単位とならない場合は、それぞれの決められた規格の基準寸法に最も近い寸法とする。

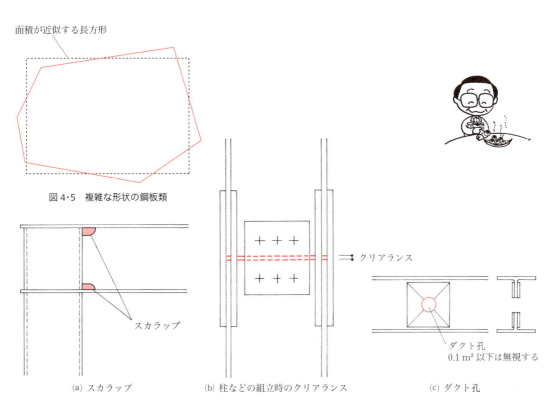

図 4・5　複雑な形状の鋼板類

(a) スカラップ　　(b) 柱などの組立時のクリアランス　　(c) ダクト孔

図 4・6　複雑な形状の鋼板類

表 4・1　鉄骨の細目例

名称	内容		数量	単位	単価	金額	備考
形鋼	STKR400	□ − 250 × 250 × 9	1.38	t			規格、形状別に明記する。所要数量で計上する場合は、割増率はおのおの
	SS400	H − 396 × 199 × 7 × 11	1.93	t			
		H − 300 × 150 × 6.5 × 9	0.81	t			
		H − 150 × 75 × 5 × 7	0.79	t			
		L − 65 × 65 × 6	0.26	t			
平鋼	SS400	FB − 6 × 50	0.04	t		形鋼	設計数量×5%
鋼板	SS400	PL − 12mm	0.19	t		平鋼	設計数量×5%
		PL − 9mm	0.22	t		鋼板（切板）	設計数量×3%
		PL − 6mm	0.24	t		ボルト類	設計数量×4%
						アンカーボルト類	設計数量×0%
ブレース	SS400	M − 12	0.13	t		デッキプレート	設計数量×5%
アンカーボルト		φ22 − 1：750	24	本			
ハイテンションボルト	F10T	M20 − 65	144	組またはt		ボルト類は、個またはtで計上する。	
		M20 − 60	128	個またはt			
		M20 − 55	68				
		M16 − 40	248				
溶接		すみ肉脚長6mm	236	延べm		溶接は、工場、現場とに分け、すみ肉脚長6mmに換算して延べmで計上する。	
工場加工組立				t			
建方				t			
現場ボルト本締		ハイテンションボルト		t		加工組立、建方は設計数量を計上する。	
錆止め塗				t			
鉄骨建方				t			
機械器具		建方用		式		その他、錆止め、建方、運搬等は、設計数量を計上する。	
運搬				t			

4章　鉄骨造の積算

◀6▶ 溶接

溶接の数量は、工場溶接と現場溶接に分けて計上する。溶接は、接合する形状や接合部材の厚さなどにより、表4・6（p.98）に示すような種類がある。溶接の数量を拾い出す場合に、その種類ごとに拾い出すことは非常に煩雑となるので、作業の効率化を図るために次式のように換算長さを求める手法が用いられる。

$$換算長さ［m］＝溶接長さ［m］×換算率K \cdots\cdots\cdots\cdots\cdots\cdots\cdots\cdots\cdots\cdots\cdots (4・4)$$

　　　　　↑　　　　　　　　　↑　　　　　　　↑
　積算で求める数値　　図面より求める　　付表4・4(p.116)参照

換算率Kは、図4・9に示すように、サイズ6mmの隅肉溶接の断面積を基準とした各溶接断面形状の断面積の比で、積算基準で付表4・4（p.116）のように定めている。

◀7▶ 設計数量の割増し

鉄骨材料の所要数量を求めるときは、設計数量に下記の割増しをすることを標準とする。

形鋼、鋼管、平鋼……5%　　　　ボルト類…………………4%　　　デッキプレート………5%

鋼板（切板）…………3%　　　　アンカーボルト類……0%

4・3　設計例

◀1▶ 設計例の概要

本章では、図4・10〜図4・18および表4・3、表4・4に示す設計例について、建築数量積算基準に基づき鉄骨数量の拾い出しを行う。

用途：商店建築

構造：鉄骨ラーメン構造折版葺　　　建築面積：144m²

階数：平屋建　　　　　　　　　　　延 面 積：144m²

◀2▶ 使用材料

鋼材……………柱：STKR400、梁など：SS400

高力ボルト………ハイテンションボルト F10T

　　　　　　　　　M20 − 65、60、55

　　　　　　　　　M16 − 40

アンカーボルト…φ22、l = 750

溶接の種類………アーク溶接

　　　　　　　　　レ形突合せ溶接（裏当て金付）

　　　　　　　　　レ形突合せ溶接、T継手（裏当て金付）

　　　　　　　　　レ形突合せ溶接（裏はつり）

　　　　　　　　　両面隅肉溶接

　　　　　　　　　フレア溶接

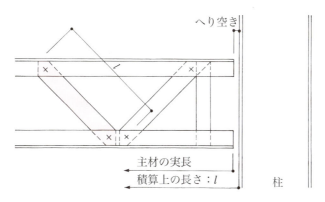

図 4・7　補助材の寸法

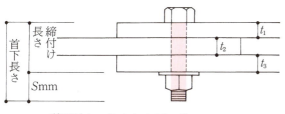

首下長さ＝$(t_1+t_2+t_3)+S$

図 4・8　高力ボルトの首下長さ

表 4・2　高力ボルトの締め付け長さに加える長さ S

呼び	S [mm]
M－16	30 以上
M－20	35 以上
M－22	40 以上
M－24	45 以上

呼び M－16 とは直径 16mm のボルトを示す

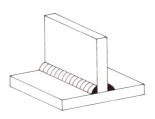

(a) すみ肉溶接

　溶接についての設計数量は、すみ肉溶接脚長 6mm に換算した延べ長さとする。溶接換算率は、一般にサイズ 6mm のすみ肉溶接の断面積 21.78mm²（余盛を含む脚長さを 1.1S として $6\times\frac{6}{2}\times(1.1)^2=21.78$）を 1 として各溶接形状ごとに定めている。標準的な溶接断面は、㈳営繕協会編集の「鉄骨設計標準図」により求めることができる。特殊な溶接については、同一断面ごとの延べ長さを数量とする。

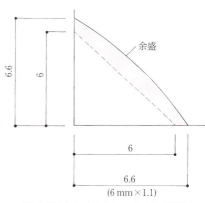

(b) 余盛を含むサイズ 6mm のすみ肉溶接

図 4・9　換算率の考え方

4 章　鉄骨造の積算　　89

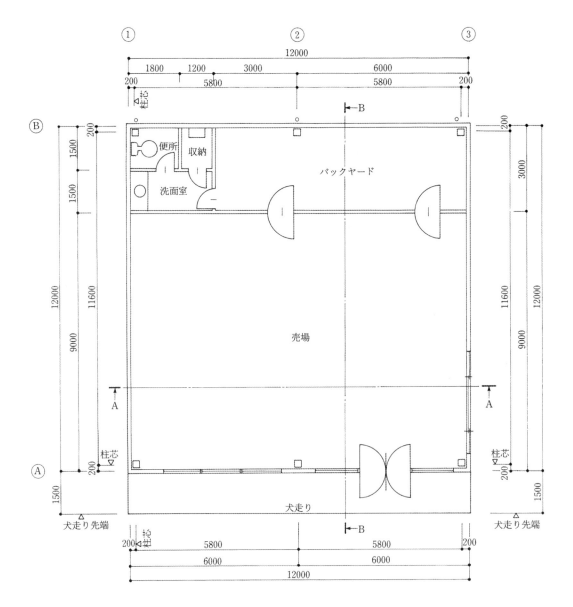

図4・10 平面図

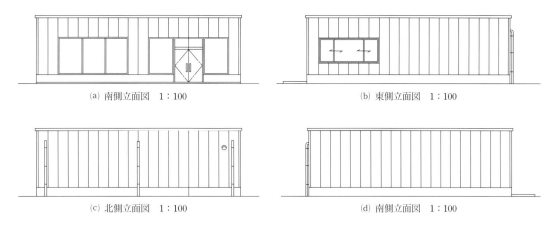

図4・11 立面図

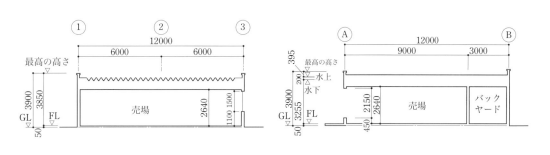

図4・12 A-A 断面図 1:100   図4・13 B-B 断面図 1:100

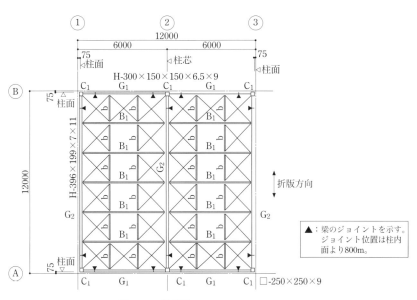

図4・14 梁伏図 1:100

4章 鉄骨造の積算

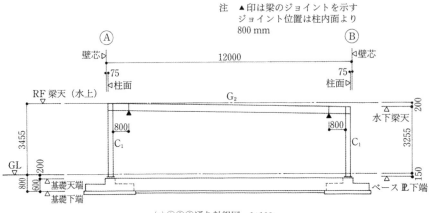

(a) ①②③通り軸組図　1:100

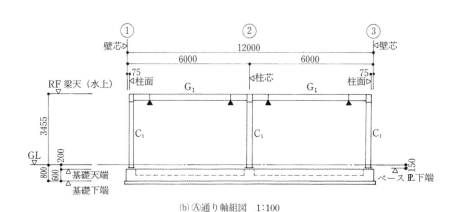

(b) Ⓐ通り軸組図　1:100

(c) Ⓑ通り軸組図　1:100

図 4・15　軸組図

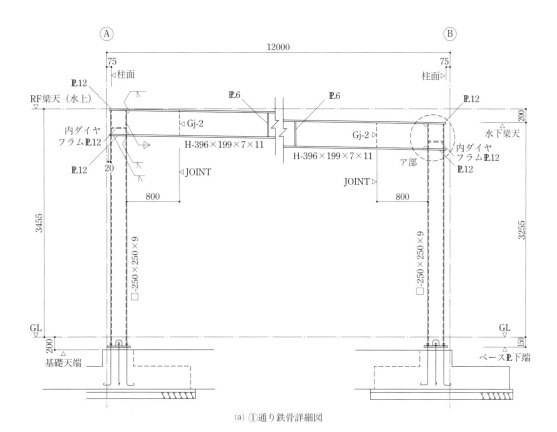

(a) ①通り鉄骨詳細図

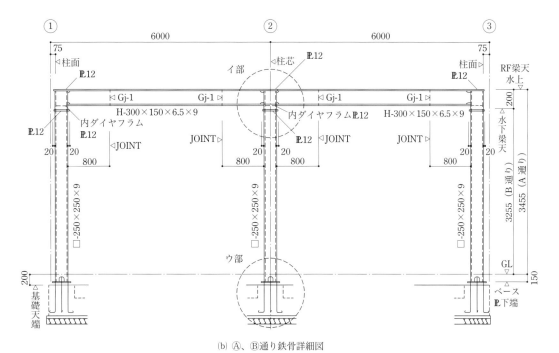

(b) Ⓐ、Ⓑ通り鉄骨詳細図

図4・16 鉄骨詳細図

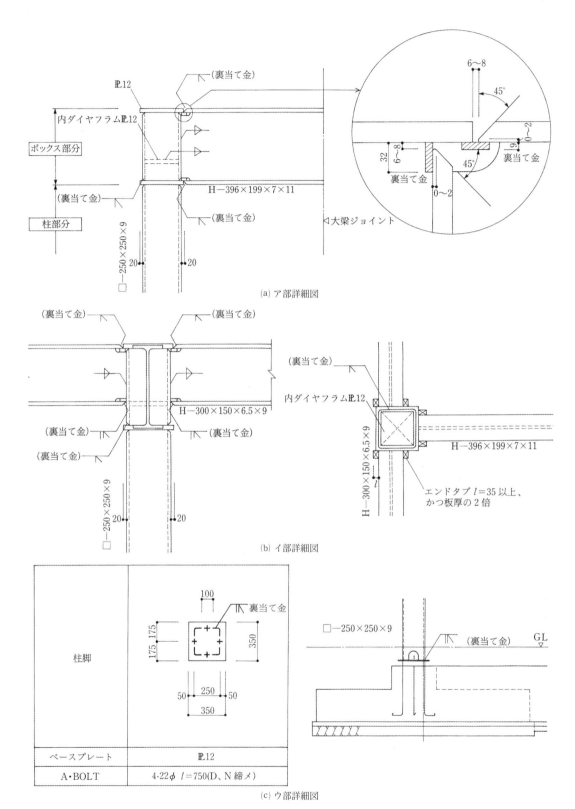

図 4・17　各部詳細図

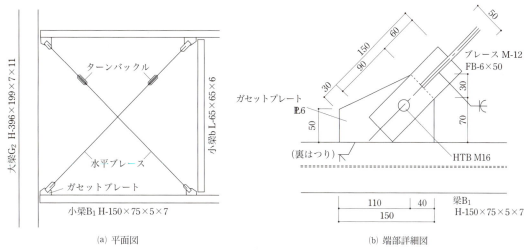

図 4・18 水平ブレース

表 4・4 ジョイント詳細リスト

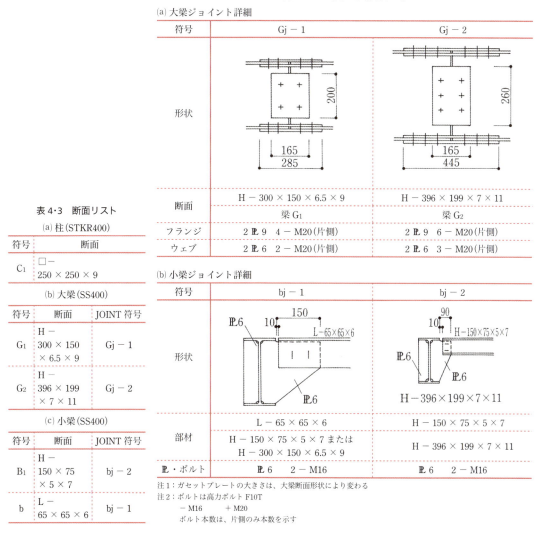

4 章 鉄骨造の積算

計算例 設計例の鉄骨数量を求める。

○柱の数量

①アンカーボルト　アンカーボルトは、図4・17(c)、図4・19(b)のようにϕ 22・長さ0.75mのものが、柱1ヶ所当たり4本で6ヶ所分の24本が必要となる。

4本（1本/柱）× 6ヶ所＝ 24本

②ベースプレート　ベースプレートは、図4・19より $\mathbb{PL}$ 12で大きさ0.35m × 0.35mのものが、柱と同じ6ヶ所分が必要となる。

1枚（1本/柱）× 6ヶ所＝ 6枚　　よって、0.35 × 0.35 × 6枚＝ 0.735　⇨　0.74m^2。

③Ⓐ通りの柱　柱には、□－250 × 250 × 9が用いられる。Ⓐ通りの柱の長さは、ベースプレートから柱の上端までとなるため、図4・16、図4・17、図4・20に示すように3.20mとなる。本数は、梁伏図（図4・14）より3本必要となる。よって、3.20m × 3本＝ 9.60m。

④Ⓑ通りの柱　Ⓐ通りの柱と同様に図4・20より、□－250 × 250 × 9の3.00mが3本必要となる。よって、3.00m × 3本＝ 9.00m。

⑤ベースプレートと柱の溶接部分　ベースプレートと柱の溶接長さは、図4・19(b)より0.60mとなり、柱の本数の6ヶ所分となる。よって、0.60m × 6ヶ所　⇨　3.60m。

溶接の形状は、レ形突合せ溶接T継手（裏当て金付）で、換算率 K は付表4・5（2）（p.117）の $_{\mathrm{H}}\mathrm{T}_1$ より求められる。なお材厚が異なる場合の換算率 K は薄い方の材厚で決まる。この場合は、ベースプレートの厚さ12mm、柱の材厚9mmより、薄い方の材厚 $t = 9$ から換算率 K は4.29となる。したがって換算長さは、式（4・4）より次のように求められる。

0.60m × 4.29 × 6ヶ所＝ 15.44m

なお、柱の計算結果を表4・5に示す。

表4・5　柱部の数量

名称・種類	サイズ	計算	箇所	STKR 400 □－250 ×250 ×9	SS400 $\mathbb{PL}$ 12	アンカーボルト ϕ 22 $l = 750$	溶接 溶接長さ [m]	溶接 換算率 K	溶接 換算長さ [m]
① アンカーボルト	ϕ 22 $l = 750$	4	6			24			
② ベースプレート	$\mathbb{PL}$ 12	0.35 × 0.35	6		0.74				
③ 柱　Ⓐ通り	□－250 × 250 × 9	3.20	3	9.60					
④ 柱　Ⓑ通り	□－250 × 250 × 9	3.00	3	9.00					
⑤ 溶接　②＋③④	⊿ 9（裏当金）	0.60	6				3.60	4.29	15.44
小　計				18.60m	0.74m^2	24 本			15.44

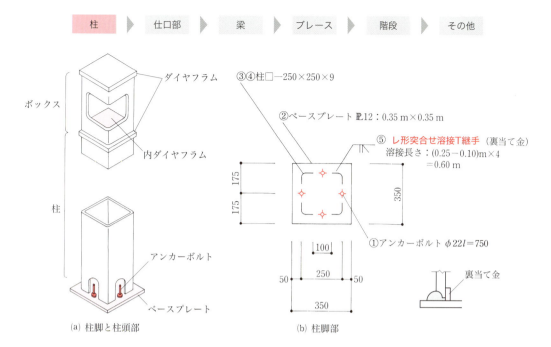

図4・19 柱の詳細

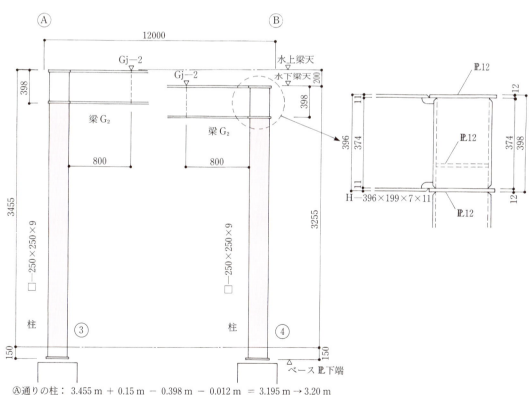

図4・20 柱の長さ

4章 鉄骨造の積算 97

○仕口部の数量

　柱と梁の仕口部は、大きな応力の加わる部分である。そのため図4・21の柱頭部分のようにプレートを仕口部の上下と中空部に溶接して補強したボックス型とし、梁の端部は、一般に約1m程度をあらかじめそのプレートに工場溶接したものが用いられている。

　この計算例では、図4・22のように①、③通りのボックス4ヶ所に、長さ800mmの大梁G_1、大梁G_2が工場溶接されている。②通りのボックス2ヶ所には、長さ800mmの大梁G_1が2本と大梁G_2が1本工場溶接されている。

　ボックス部分と梁のフランジの接合はレ形突合せ溶接（裏当て金付）で、ウェブは両面すみ肉溶接である。

⑥ボックス部鋼管　ボックス部は図4・21のように□—250×250×9が用いられ、長さは0.37m、箇所数は柱と同じ6となる。よって、0.37m×6ヶ所＝2.22m。

⑦ダイヤフラム　ダイヤフラムは図4・21よりPL 12で、大きさ0.30m×0.30mのものが用いられている。枚数は、ボックス1ヶ所当たり上下2枚必要であり、6ヶ所分で12枚となる。2枚（ヶ所）×6ヶ所＝12枚　よって、0.30m×0.30m×12枚＝1.08m²。

⑧内ダイヤフラム　内ダイヤフラムは図4・21より、PL 12がボックスの内部に1枚ずつ溶接されている。PL 12の大きさは、0.232m×0.232mで枚数は6となる。よって、0.232m×0.232m×6枚＝0.32m²。

⑨大梁G_1の端部　大梁G_1は図4・22よりH—300×150×6.5×9が用いられ、仕口部端部には長さ0.80mのものが8ヶ所となる。よって、0.80m×8ヶ所＝6.40m

⑩大梁G_2の端部　大梁G_2は図4・22よりH—396×199×7×11が用いられ、仕口端部には

表4・6　溶接の種類

溶接にはこれらの種類があるから覚えよう

このように加工しとけ込み不足などの欠陥を防ぐ工夫をしているんだ

| 柱 | 仕口部 | 梁 | ブレース | 階段 | その他 |

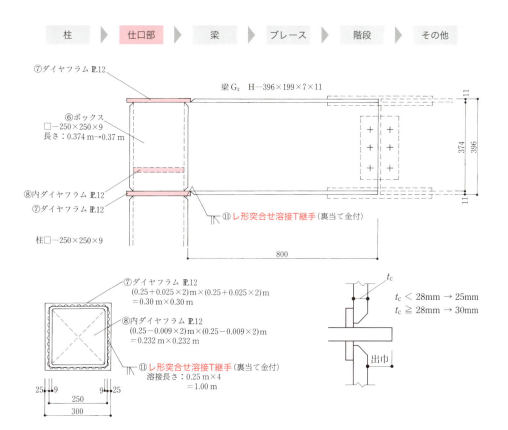

図 4・21　仕口部分

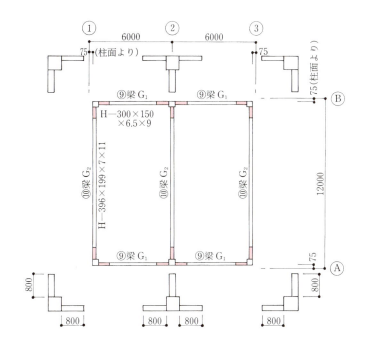

図 4・22　大梁の配置

4 章　鉄骨造の積算

長さ 0.80m のものが 6 ヶ所工場溶接されている。よって、0.80m × 6 ヶ所 = 4.80m。

⑪柱とダイヤフラムの溶接部分　柱とダイヤフラムとの溶接長さは、図 4・21 より 1.00m で、箇所数は柱と同じ 6 となる。溶接形状は、⑤と同じレ形突合せ溶接 T 継手（裏当て金付）で、換算率 K は 4.29 となる。換算長さは、式（4・4）より次のように求められる。

　　　1.00m × 4.29 × 6 ヶ所 = 25.74m

⑫ダイヤフラムとボックスの溶接部分　ダイヤフラム（PL 12）とボックス（$t = 9$）の溶接は、図 4・23 より⑪の溶接と同様に扱うとよい。ボックスの上下に補強プレートが 1 枚ずつ溶接されるので、2 × 6 = 12 ヶ所となる。よって、換算長さは、

　　　1.00m × 4.29 × 12 ヶ所 = 51.48m（式 4・4 より）

⑬内ダイヤフラムとボックスの溶接部分　内ダイヤフラム（PL 12）とボックス（$t = 9$）の溶接長さは、図 4・23 より 0.93m である。溶接箇所数は、プレートが各ボックスに 1 枚必要なので 6 となる。溶接形状は、図 4・23 より両面すみ肉溶接で、換算率 K は付表 4・5 (4)（p.119）の F_2 より求められる。内ダイヤフラムの厚さは 12mm、ボックスの材厚は 9mm で、薄い方の材厚 $t = 9$ から、換算率 K は 2.72 となる。よって換算長さは、

　　　0.93m × 2.72 × 6 ヶ所 = 15.18m（式 4・4 より）

⑭ダイヤフラムと大梁 G_2 のフランジの溶接部分　仕口部分には図 4・24 のような溶接箇所がある。ダイヤフラム（PL 12）と大梁 G_2（$t = 11$）の溶接長さは、図 4・25 より 0.20m とする。溶接箇所数は、フランジが上下 2 枚あり、ボックスと梁 G_2 の接合箇所は 6 ヶ所あるので、溶接部分は 2 × 6 = 12 ヶ所となる。溶接形状はレ形突合せ溶接（裏当て金付）で、換算率 K は付表 4・5 (1)（p.117）の $_HB_1$ により、梁 G_2 のフランジの方が薄いので $t = 11$ から $K = 5.45$ となる。よって換算長さは、

　　　0.20m × 5.45 × 12 ヶ所 = 13.08m（式 4・4 より）

⑮ボックスと大梁 G_2 のウェブの溶接部分　ボックス（$t = 9$）と梁 G_2 のウェブ（$t = 7$）の溶接長さは、図 4・25 (b) より 0.37m とする。この接合箇所は、6 である。溶接形状は両面すみ肉溶接で、換算率 K は付表 4・5 (4)（p.119）の F_2 により $t = 7$ から $K = 1.39$ となる。よって換算長さは、

　　　0.37m × 1.39 × 6 ヶ所 = 3.09m（式 4・4 より）

⑯ダイヤフラムと大梁 G_1 フランジ（上側）の溶接部分　ダイヤフラム（$t = 12$）と大梁 G_1 フランジ（上側：$t = 9$）の溶接長さは、図 4・25 より 0.15m となり、溶接箇所は 8 ヶ所である。溶接形状はレ形突合せ溶接（裏当て金付）で、換算率 K は付表 4・5 (1)（p.117）の $_HB_1$ より $t = 9$ から $K = 4.23$ となる。よって換算長さは、

　　　0.15m × 4.23 × 8 ヶ所 = 5.08m（式 4・4 より）

⑰ボックスと大梁 G_1 フランジ（下側）の溶接部分　ボックス（$t = 9$）と梁 G_1 フランジ（下側：$t = 9$）の溶接は、レ形突合せ溶接 T 継手（裏当て金付）である。溶接長さは、⑯と同様に図 4・26 (a) より 0.15m で 8 ヶ所ある。溶接形状はレ形突合せ溶接 T 継手（裏当て金付）で、

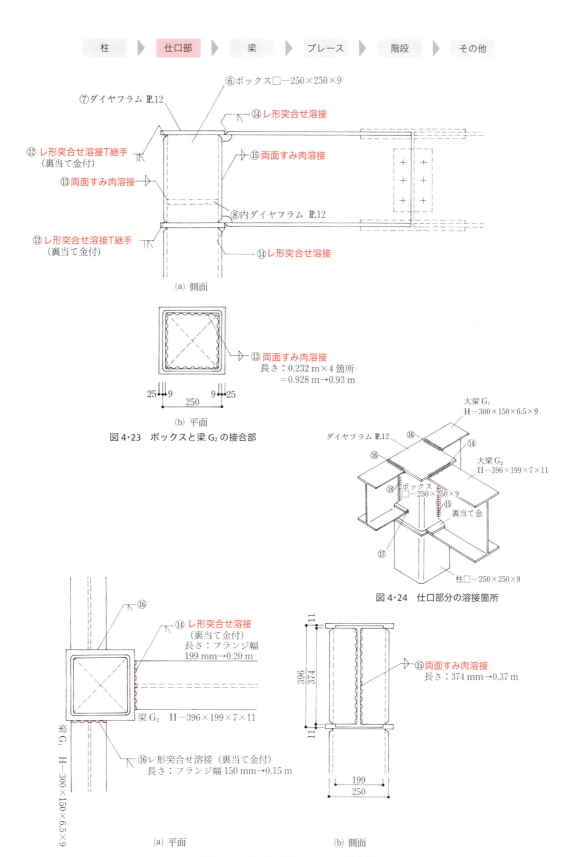

図4・23 ボックスと梁 G_2 の接合部

図4・24 仕口部分の溶接箇所

図4・25 ボックスと梁 G_1 と G_2 の接合部

4章 鉄骨造の積算

換算率 K は付表 4・5（2）（p.117）の $_H T_1$ より求められる。どちらも材厚 9mm なので換算率 $K = 4.29$ となる。よって換算長さは、

$\quad$ 0.15m × 4.29 × 8 ヶ所 = 5.15m（式 4・4 より）

⑱ボックスと大梁 G_1 のウェブの溶接部分　ボックス（$t = 9$）と大梁 G_1 のウェブ（$t = 6.5$）の溶接長さは、図 4・26(c)より 0.28m となり、溶接箇所は⑰と同様に 8 ヶ所である。溶接形状は両面すみ肉溶接で、換算率 K は付表 4・5（4）（p.119）の F_2 より求められる。大梁 G_1 ウェブの材厚 6.5mm より換算率 $K = 1.39$ となる。よって換算長さは、

$\quad$ 0.28m × 1.39 × 8 ヶ所 = 3.11m（式 4・4 より）

なお、仕口部の計算結果を表 4・7 に示す。

表 4・7　仕口部の数量

名称・種類	サイズ	計算	箇所	SS400 H型鋼 396 × 199 × 7 × 11	SS400 H型鋼 300 × 150 × 6.5 × 7	STKR400 口鋼管 250 × 250 × 9	SS 400 PL 12	溶接 溶接長さ [m]	溶接 換算率 K	溶接 換算長さ [m]
⑥ ボックス	□−250 × 250 × 9	0.37	6			2.22				
⑦ ダイヤフラムPL	PL 12	0.30 × 0.30	12				1.08			
⑧ 内ダイヤPL	PL 12	0.232 × 0.232	6				0.32			
⑨ 梁 G_1 端部	H − 300 × 150 × 6.5 × 9	0.80	8		6.40					
⑩ 梁 G_2 端部	H − 396 × 199 × 7 × 11	0.80	6	4.80						
⑪ 溶接 ③④柱 ＋⑦ボックス	⊿ 9(裏当て)	1.00	6					6.00	4.29	25.74
⑫ 溶接⑥＋⑦	⊿ 9(裏当て)	1.00	12					12.00	4.29	51.48
⑬ 溶接⑥＋⑧	⊳ 9	0.93	6					5.58	2.72	15.18
⑭ 溶接⑦＋⑩	⊿ 11(裏当て)	0.20	12					2.40	5.45	13.08
⑮ 溶接⑥＋⑩	⊳ 7	0.37	6					2.22	1.39	3.09
⑯ 溶接⑦＋⑨上	⊿ 9(裏当て)	0.15	8					1.20	4.23	5.08
⑰ 溶接⑥＋⑨下	⊿ 9(裏当て)	0.15	8					1.20	4.29	5.15
⑱ 溶接⑥＋⑨	⊳ 6.5	0.28	8					2.24	1.39	3.11
No.2　小計				4.80m	6.40m	2.22m	1.33m²			121.91

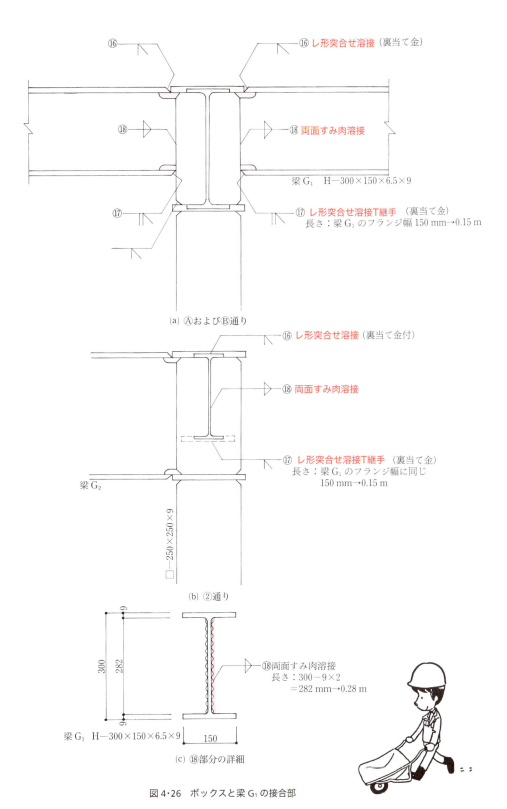

図4・26 ボックスと梁 G_1 の接合部

○大梁の数量

　梁は、柱とともにラーメン構造を構成し、水平力や床荷重を負担する大梁と床荷重だけを負担する小梁に大別される。

　大梁の長さは、梁の仕口の内法長さとする（図4・27）。

　大梁とボックスに接合されている梁端部の接合に用いるスプライスプレート（図4・28）などのプレート類、高力ボルトなどの接合部材は、大梁に含める。

　また、直交する部材を接続するためのガセットプレートやスチフナーなどのプレートなども、梁に含めて拾い出す。

　大梁 G_2 については、同様のものが3本あるので、1本について計測・計算し箇所数を乗じて求めるとよい。

⑲大梁 G_2　大梁 G_2 には、H－396×199×7×11 が用いられている。梁の長さは、仕口の内法長さとなるため 9.75m となる（図4・29）。本数は、梁伏図（図4・22）より3本となる。よって、9.75m×3本＝29.25m。

　大梁 G_2 の接合は、表4・4（p.95）の Gj－2 にあたる。1ヶ所についてスプライスプレート、高力ボルトなどを計測・計算し、接合箇所数（6ヶ所）を乗じて求めるとよい（図4・22より）。

⑳スプライスプレート（S $P\!\!L$ 1）　S $P\!\!L$ 1 は、図4・30より $P\!\!L$ 9で、大きさ 0.200m×0.445m のものが使用される。枚数は、接合1ヶ所当たりフランジの外側で上下2枚必要であり、6ヶ所分で12枚となる。よって、0.200m×0.445m×6枚＝1.068m²　⇨　1.07m²。

㉑スプライスプレート（S $P\!\!L$ 2）　S $P\!\!L$ 2 は、図4・30より $P\!\!L$ 9で、大きさ 0.080m×0.445m のものが使用される。枚数は、接合1ヶ所当たりフランジの内側で4枚必要であり、6ヶ所分で24枚となる。よって、0.080m×0.445m×24枚＝0.8544m²　⇨　0.85m²。

㉒スプライスプレート（S $P\!\!L$ 3）　S $P\!\!L$ 3 は、図4・30より $P\!\!L$ 6で、大きさ 0.165m×0.260m のものが使用される。枚数は、接合1ヶ所当たりウェブ表裏で2枚必要であり、6ヶ所分で12枚となる。よって、0.165m×0.260m×12枚＝0.5148m²　⇨　0.51m²。

㉓大梁 G_2 フランジとS $P\!\!L$ 1・S $P\!\!L$ 2の接合に用いる HTB　大梁 G_2 フランジとS $P\!\!L$ 1・S $P\!\!L$ 2 の接合に用いる HTB（高力ボルト）は、図4・31より M－20 が用いられている。このボルトの首下長さは、各々の材厚に、表4・2（p.89）に示す締付け長さに加える長さ S 35mm を加えて求める。ボルトの長さは、式（4・3）より、

　　9mm＋11mm＋9mm＋35mm＝64mm

となるが、ボルトの規格長さは5mmきざみなので、2捨3入＊して65mmとなる。

　ボルトの本数は、1ヶ所当たり12本（表4・4）でフランジは上下2枚あり、接合箇所は6（図4・22）となるので

＊2捨3入：端数が2以下の時は切り捨てて0に、3、4、5、6、7は5に、8、9は10とする計算法。

柱 ▶ 仕口部 ▶ **梁** ▶ ブレース ▶ 階段 ▶ その他

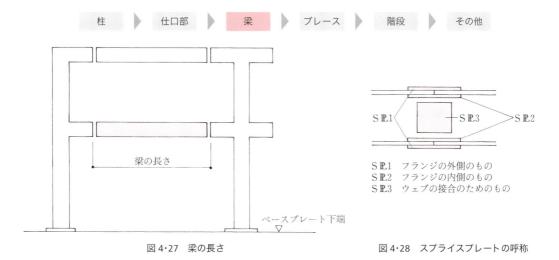

図4・27 梁の長さ　　　　　　　　　　　図4・28 スプライスプレートの呼称

SPL1　フランジの外側のもの
SPL2　フランジの内側のもの
SPL3　ウェブの接合のためのもの

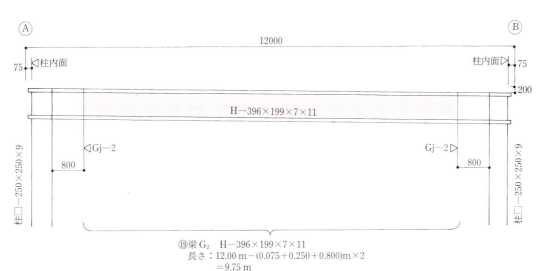

⑲梁 G_2　H−396×199×7×11
　長さ：12.00 m−(0.075+0.250+0.800)m×2
　　　　＝9.75 m

図4・29 梁 G_1 の長さ

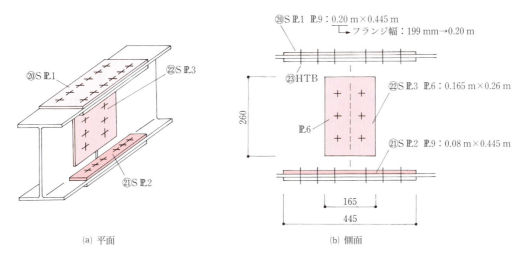

⑳SPL1 PL9：0.20 m×0.445 m
　フランジ幅：199 mm→0.20 m
㉓HTB
㉒SPL3 PL6：0.165 m×0.26 m
㉑SPL2 PL9：0.08 m×0.445 m

(a) 平面　　　　　　(b) 側面

図4・30 スプライスプレート

4章 鉄骨造の積算　　105

12 本×2×6 ヶ所＝144 本となる。

㉔大梁 G_2 ウェブと S ㍗ 3 の接合に用いる HTB　この接合には、図 4·31 より M─20 が用いられている。このボルトの首下長さは、式（4·3）より

　　6mm ＋ 7mm ＋ 6mm ＋ 35mm ＝ 54mm

となり、規格長さから 55mm となる。

　ボルトの本数は、1 ヶ所当たり 6 本（表 4·4）で、接合箇所は 6（図 4·22）となるので 6 本×6 ヶ所＝36 本となる。

　　3 － M20（片側）　3 本×2 ＝ 6 本

㉕ガセットプレート　図 4·32 のように、大梁 G_2 には、小梁 B_1 が直交して接合されるため、ガセットプレートを溶接する。図 4·14 の梁伏図より①、③通りの大梁 G_2 は、ガセットプレートが 5 枚ずつ溶接されている。②通りの大梁 G_2 は、両側に小梁 B_1 が接合されるためガセットプレートが 10 枚溶接されていることから、ガセットプレートの枚数は 5 枚＋ 10 枚＋ 5 枚＝20 枚となる。

　ガセットプレートは、図 4·33 より、㍗ 6 で 0.06m^2 が用いられているので、その数量は、0.06m^2 × 20 枚＝ 1.20m^2 となる。

㉖大梁 G_2 とガセットプレートの溶接部分　この溶接は、全長に渡って同様の溶接を行うものと考える。

　大梁 G_2 のフランジ（$t = 11$）とウェブ（$t = 7$）とガセットプレート（㍗ 6）の溶接長さは、図 4·33 より 0.57m とする。この接合箇所は、ガセットプレートの枚数と同じ 20 となる。溶接形状は両面すみ肉溶接で、換算率 K は付表 4·5（4）（p.119）の F_2 より求められる。材厚の一番薄いもので換算率は決まるため、$t = 6$ から $K = 1.39$ となる。換算長さは、式（4·4）より次のように求められる。

　　0.57m × 1.39 × 20 ヶ所＝ 15.85m

㉗スチフナー　図 4·14 の梁伏図より①、③通りの大梁 G_2 は、梁の外側にスチフナーが 5 枚ずつ溶接されている。図 4·34 より、㍗ 6 で大きさ 0.096m × 0.374m のものが 10 枚必要となる。よってスチフナーの数量は、0.096m × 0.374m × 10 枚＝ 0.35904m^2　⇨　0.36m^2。

㉘大梁 G_2 とスチフナーの溶接部分　この溶接は、㉖の溶接と同様に考える。換算長さは、0.096m × 2 ＋ 0.374m ＝ 0.566m　⇨　0.57m。換算率 $K = 139$。よって、この部分の溶接換算長さは

　　0.57m × 1.39 × 10 ヶ所＝ 7.92m（式 4·4 より）

なお、大梁 G_1 についても同様に計測・計算を行う（㉙～㊳）。大梁の計算結果を表 4·8 に示す。

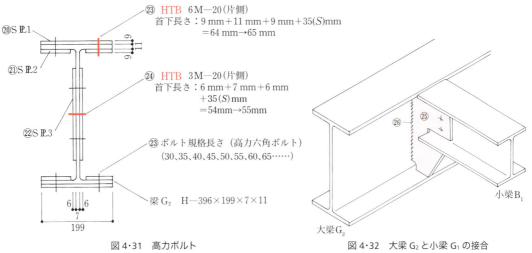

図 4・31 高力ボルト

図 4・32 大梁 G_2 と小梁 G_1 の接合

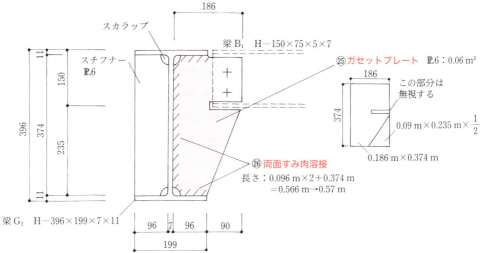

図 4・33 大梁 G_2 と小梁 G_1 の接合（ブラケットタイプ）

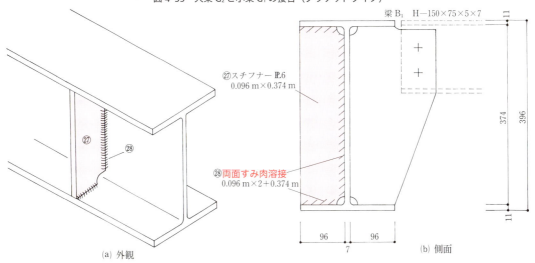

(a) 外観　　(b) 側面

図 4・34 大梁 G_2 のスチフナー

4 章　鉄骨造の積算　　107

○小梁の数量

　小梁についても大梁と同様に計測・計算を行う。この設計例では、小梁は B_1 と b の2種類があるので各々について拾い出しを行う。

　小梁 B_1 については、同様のものが10本ある（図4・14、p.91）ので、1本について計測・計算し、箇所数を乗じて求めるとよい。

㊴小梁 B_1

　　小梁 B_1 には、H—150 × 75 × 5 × 7 が用いられている。梁の長さは、仕口の内法長さとなるため図4・35に示すように5.63mとなる。本数は、図4・14の梁伏図より10本となる。

　　よって小梁 B_1 の長さは5.63m × 10本＝56.30m。

㊵小梁 B_1 と大梁 G_2 の接合に用いる HTB　小梁 B_1 と大梁 $_2$ の接合で用いるガセットプレートは、大梁 G_2 の項目で拾い済みなので、接合部材としては高力ボルトだけ拾う。

　　この接合には、図4・35のように M—16 が用いられている。ボルトの首下長さは、式（4・3）（p.84参照）より、各々の材厚に締め付け長さに加える長さ S（表4・2）を加えて求める。

6mm ＋ 5mm ＋ 30mm ＝ 41mm となるが、
　↑　　　　↑　　　　↑
　PL　　B_1 ウェブ　　S

ボルトの規格長さは、5mm きざみのため、2捨3入で40mmとなる。

ボルトの本数は1ヶ所当たり2本必要で、接合箇所は20となる（図4・14）ので、2本×20ヶ所＝40本となる。

㊶ガセットプレート　小梁 B_1 には、図4・14の梁伏図より小梁bが接合されるため、ガセットプレートが梁1本当たり4枚溶接されている。

　　ガセットプレートは、図4・36より、PL 6で大きさ $0.02m^2$ となる。小梁 B_1 に、1本当たり4枚必要なので4枚×10ヶ所＝40枚となる。よって、ガセットプレートの数量は、

$0.02m^2$ × 40枚＝$0.80m^2$ となる。

㊷小梁 B_1 とガセットプレートの溶接部分　この溶接は、全長に渡って同様の溶接を行うものと考える。

　　小梁 B_1 のフランジ（$t = 7$）とウェブ（$t = 5$）とガセットプレート（PL 6）の溶接長さは、図4・36より0.21mとする。この溶接箇所は、梁1本当たり4ヶ所で、小梁 B_1 は10本あるので40ヶ所となる。溶接形状は両面すみ肉溶接で、換算率 K は付表4・5（4）（p.119）の F_2 から求められる。材厚の一番薄いもので換算率は決まるため、$t = 5$ から $K = 0.89$ となる。換算長さは、

　　0.21m × 0.89 × 40ヶ所＝7.48mとなる（式4・4より）。

なお、小梁bについても同様に計測・計算を行う（㊸〜㊹）。小梁の計算結果を表4・9に示す。

柱 → 仕口部 → **梁** → ブレース → 階段 → その他

表 4・8　大梁の数量

名称・種類	サイズ	計算	箇所	SS400 H型鋼 396×189×7×11	SS400 H型鋼 300×150×6.5×9	SS400 PL9	SS400 PL6	HTB M20-65	HTB M20-60	HTB M20-55	溶接長さ [m]	換算率 K	換算長さ [m]
⑲ 梁 G_2	H-396×199×7×11	9.75	3	29.25									
⑳ S PL1	PL9	0.200×0.445	12			1.07							
㉑ S PL2	PL9	0.08×0.445	24			0.85							
㉒ S PL3	PL6	0.165×0.260	12				0.51						
㉓ HTB	M20-65							144					
㉔ HTB	M20-55									36			
㉕ ガセットPL	PL6	0.06	20				1.20						
㉖ 溶接⑲+㉕	▷6	0.57	20								11.40	1.39	15.85
㉗ スチフナー	PL6	0.096×0.374	10				0.36						
㉘ 溶接⑲+㉗	▷6	0.57	10								5.70	1.39	7.92
㉙ 梁 G_1	H-300×150×6.5×9	3.95	4		15.80								
㉚ S PL1	PL9	0.15×0.285	16			0.68							
㉛ S PL2	PL9	0.06×0.285	32			0.55							
㉜ S PL3	PL6	0.20×0.165	16				0.53						
㉝ HTB	M20-60								128				
㉞ HTB	M20-55									32			
㉟ ガセットPL	PL6	0.046	8				0.37						
㊱ 溶接㉙+㉟	▷6	0.43	8								3.44	1.39	4.78
㊲ スチフナー	PL6	0.072×0.282	8				0.16						
㊳ 溶接㉙+㊲	▷6	0.43	8								3.44	1.39	4.78
		小計		29.25m	15.80m	3.15m²	3.13m²	144	128	68	—	—	33.33

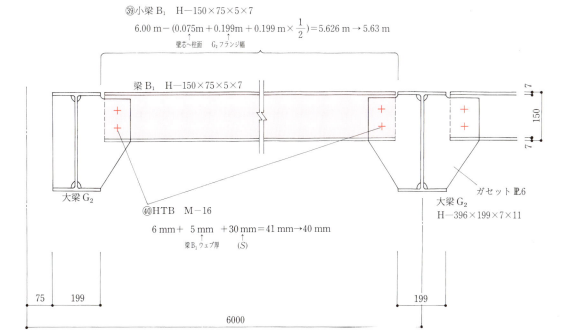

図 4・35　小梁 B_1

4章　鉄骨造の積算

○ブレース（筋かい）

　この設計例では、ブレースを取り付けるガセットプレートは現場溶接とする。したがって、ガセットプレートや溶接もブレースの項目に含めて計測・計算する。

　なおブレースの主材は、原則としてターンバックルなどによる部材の欠除は含まない。

　㊺ブレース　ブレースの主材には、M−12が用いられている。ブレースの長さは、図面から計測するか略算で求める。このブレースの長さは、図4・37に示すように2.57mとなる。本数は図4・14（p.91）の梁伏図より56本必要となる。よって、ブレースの数量は、

　　　2.57m × 56本＝143.92m　⇨　144m　となる。

　㊻羽子板プレート　羽子板プレートは、図4・38より平鋼FB−6×50で長さ0.15mが用いられている。平鋼は長さを計測・計算すれば単位重量表（付表4・1、p.114参照）より重量を求めることができる。

　枚数はブレース1本当たり2枚必要でブレースの本数の2倍を計上する。よって羽子板プレートの数量は、

　　　0.15m × 112枚＝16.80m　となる。

　㊼ブレースと羽子板プレートの溶接部分　ブレースM−12と羽子板プレートの溶接長さは、図4・38より0.06mで、溶接箇所は㊻と同様に56枚×2＝112ヶ所となる。

　溶接形状はフレア溶接で、換算率Kは付表4・5(6)（p.119参照）のFL$_1$から求められる。換算率Kは、使用される鋼材の直径で決まるので$d = 12$（直径12mm）から$K = 2.36$となる。よって、換算長さは、

　　　0.06m × 2.36 × 112ヶ所＝15.86m　となる。

　㊽ガセットプレート　ガセットプレートは、図4・39よりPL 6で大きさ0.01m^{2}のものが112枚必要となる。よって、ガセットプレートの数量は、

　　　0.01m^2 × 112枚＝1.12m^2　となる。

　㊾ガセットプレートと羽子板プレートの接合に用いるHTB　この接合のHTBは、図4・39よりM−16が用いられている。ボルトの首下長さは、式（4・3）（p.86参照）より、

　　　6mm ＋ 6mm ＋ 30mm ＝ 42mmとなり、規格長さから40mmとする（2捨3入）。

表4・9　小梁の数量

名称・種類	サイズ	計算	箇所	SS400 H型鋼 150×75 ×5×7	SS400 L型鋼 65×65 ×6	SS400 PL 6	HTB M16 −40	溶接 溶接長さ [m]	換算率 K	換算長さ [m]
㊴ 梁B$_1$	H−150×75×5×7	5.63	10	56.30						
㊵ HTB	M16−40	2	20				40			
㊶ ガセットPL	PL 6	0.02m^2	40			0.8				
㊷ 溶接 ㊴+㊶	▷ 5	0.21	40					8.40	0.89	7.48
㊸ 梁b	L−65×65×6	1.88	24		45.12					
㊹ HTB	M16−40	2	48				96			
		小計		56.30m	45.12m	0.80m^2	136本	—	—	7.48

柱 ▶ 仕口部 ▶ 梁 ▶ ブレース ▶ 階段 ▶ その他

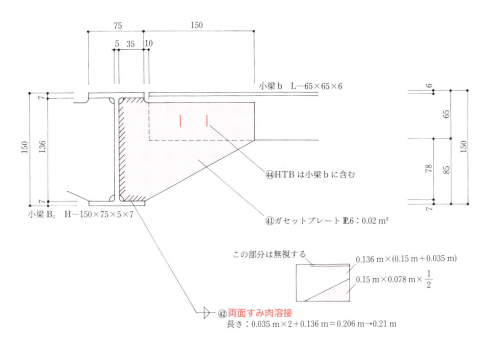

図4・36　小梁 B₁ と小梁 b の場合

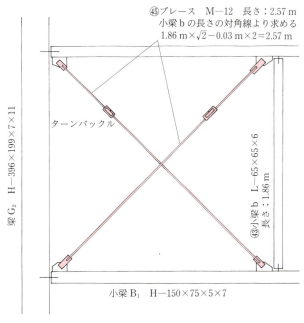

図4・37　ブレース

4章　鉄骨造の積算

ボルトの本数は、1ヶ所当たり1本必要で、接合箇所が112ヶ所なので、112本となる。

㊿ガセットプレートと小梁B_1フランジ（下側）の溶接部分　ガセットプレート（$t = 6$）と小梁B_1フランジ（下側：$t = 7$）の溶接長さは、図4·39より0.15mとなり、接合箇所は112ヶ所である。溶接形状はレ形突合せ溶接（裏はつり）で、換算率Kは付表4·5（1）（p.117）の$_HB_2$から求められ、薄い方の材厚$t = 6$から$K = 2.49$となる。よって換算長さは、

　　0.15m × 2.49 × 112ヶ所＝ 41.83m　となる（式4·4より）。

なお、ブレースの計算結果を表4·10に示す。

○集計表

以上①～㊿の結果をまとめて集計表を作成する。形鋼と平鋼の重量は、式（4·1）（p.86参照）を用いて、長さに単位重量を乗じて求める。鋼板類の重量は、式（4·2）（p.86参照）を用いて面積に単位重量を乗じて求める。設計数量を算出した計算結果を表4·11に示す。

表4·10　ブレースの数量

名称・種類	サイズ	計算	箇所	SS400 FB-6×50	PL6	ブレース M-12	HTB M16-40	溶接 溶接長さ[m]	換算率 K	換算長さ[m]
㊺ブレース	M-12	2.57m	56			144				
㊻羽子板PL	FB-6×50	0.15m	112	16.80						
㊼溶接㊺+㊻	⊣├ 12	0.06m	112					6.72	2.36	15.86
㊽ガセット	PL6	0.01m²	112		1.12					
㊾HTB	M16-40	1	112				112			
㊿溶接㊴+㊽	→| 6(裏ハツリ)	0.15	112					16.80	2.49	41.83
		小計		16.80m	1.12m²	144m	112本	—	—	57.69

表4·11　集計表

	STKR400 □-250×250×9	SS400 H-396×199×7×11	H-300×150×6.5×9	H-150×75×5×7	L-65×65×6	FB-6×50	PL12	PL9	PL6	アンカーボルト φ22 l-750	SS400 ブレース M-12	HTB M20-65	M20-60	M20-55	M16-40	溶接 換算長さ[m]
①柱	18.60						0.74			24						15.44
②仕口部	2.22	4.80	6.40				1.33									121.91
③大梁		29.25	15.80					3.15	3.13			144	128	68		33.33
④小梁				56.30	45.12				0.80						136	7.48
⑤ブレース						16.80			1.12		144				112	57.69
Ⓐ 計	20.82	34.05	22.20	56.30	45.12	16.80	2.07	3.15	5.05	24	144	144	128	68	248	235.85
Ⓑ単位質量	66.50	56.60	36.70	14.00	5.91	2.36	94.20	70.65	47.10		0.888					
単位	kg/m	kg/m	kg/m	kg/m	kg/m	kg/m	kg/m²	kg/m²	kg/m²	本	kg/m	本	本	本	本	m
Ⓐ×Ⓑ×$\frac{1}{1000}$ 質量[t]	1.38	1.93	0.81	0.79	0.27	0.04	0.19	0.22	0.24		0.13					

鋼材質量　　　　　　　　　　　6.00 t
アンカーボルト　φ-22 l:750　　24本
高力ボルト　　　M20-65　　　144本
　　　　　　　　M20-60　　　128本
　　　　　　　　M20-55　　　 68本
　　　　　　　　M16-40　　　248本
溶接（6m/m換算）　　　　　　236m

| 柱 ▶ 仕口部 ▶ 梁 ▶ ブレース ▶ 階段 ▶ その他 |

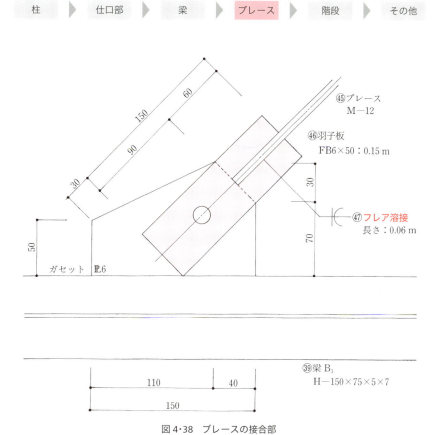

図4・38　ブレースの接合部

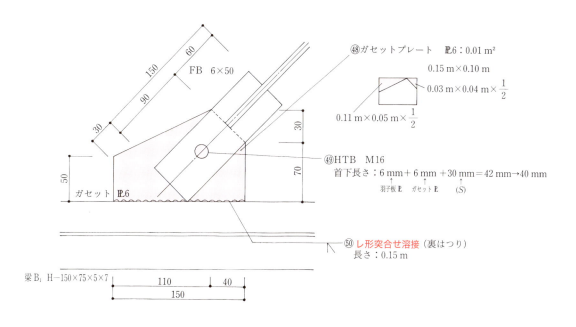

図4・39　ガセットプレート

4章　鉄骨造の積算　113

付表 4・1 質量表

(a) ターンバックル

M径 [mm]	単位質量 [kg/m]	M径 [mm]	単位質量 [kg/m]	M径 [mm]	単位質量 [kg/m]
6	0.222	16	1.58	28	4.83
9	0.499	19	2.23	32	6.31
12	0.888	22	2.98	36	7.99
13	1.04	25	3.85	38	8.90

(b) 平鋼 [単位：kg/m]

種別		幅 b [mm]								
		25	32	38	44	50	65	75	90	100	125
厚さ t [mm]	6	1.18	1.51	1.79	2.07	2.36	3.06	3.53	4.24	4.71	5.89
	9	1.77	2.26	2.68	3.11	3.53	4.59	5.30	6.36	7.06	8.83
	12	2.36	3.01	3.58	4.14	4.71	6.12	7.06	8.48	9.42	11.8
	16		4.02	4.77	5.53	6.28	8.16	9.42	11.3	12.6	15.7
	19			5.67	6.56	7.46	9.69	11.2	13.4	14.9	18.6
	22					8.64	11.2	13.0	15.5	17.3	21.6
	25					9.81	12.8	14.7	17.7	19.6	24.5

(JIS G 3194 による)

(c) 鋼板

厚さ [mm]	単位質量 [kg/m²]	厚さ [mm]	単位質量 [kg/m²]	厚さ [mm]	単位質量 [kg/m²]
6.0	47.10	12.0	94.20	25.0	196.2
6.3	49.46	13.0	102.0	28.0	219.8
7.0	54.95	14.0	109.9	32.0	251.2
8.0	62.80	15.0	117.8	36.0	282.6
9.0	70.65	16.0	125.6	40.0	314.0
10.0	78.50	19.0	149.2	45.0	353.2
11.0	86.35	22.0	172.7	50.0	392.5

(JIS G 3193 による)

(d) 等辺山形鋼

$A \times B$ [mm]	t [mm]	単位質量 [kg/m]	$A \times B$ [mm]	t [mm]	単位質量 [kg/m]	$A \times B$ [mm]	t [mm]	単位質量 [kg/m]
40×40	3	1.83	75×75	12	13.0	130×130	15	28.8
40×40	5	2.95	80×80	6	7.32	150×150	12	27.3
45×45	4	2.74	90×90	6	8.28	150×150	15	33.6
50×50	4	3.06	90×90	7	9.59	150×150	19	41.9
50×50	6	4.43	90×90	10	13.3	175×175	12	31.8
60×60	4	3.68	90×90	13	17.0	175×175	15	39.4
60×60	5	4.55	100×100	7	10.7	200×200	15	45.3
65×65	6	5.91	100×100	10	14.9	200×200	20	59.7
65×65	8	7.66	100×100	13	19.1	200×200	25	73.6
70×70	6	6.38	120×120	8	14.7	250×250	25	93.7
75×75	6	6.85	130×130	9	17.9	250×250	35	128.0
75×75	9	9.96	130×130	12	23.4			

(JIS G 3192 による)

(e) 角形鋼管

$A \times B$ [mm]	t [mm]	単位質量 [kg/m]	$A \times B$ [mm]	t [mm]	単位質量 [kg/m]
200×200	4.5	27.2	＊250×250	16.0	112.0
200×200	6.0	35.8	300×300	4.5	41.3
200×200	8.0	46.9	300×300	6.0	54.7
200×200	9.0	52.3	300×300	9.0	80.6
200×200	12.0	67.9	300×300	12.0	106.0
250×250	5.0	38.0	＊300×300	16.0	138.0
250×250	6.0	45.2	350×350	9.0	94.7
250×250	8.0	59.5	350×350	12.0	124.0
250×250	9.0	66.5	＊350×350	16.0	163.0
250×250	12.0	86.8			

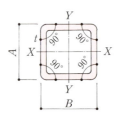

＊日本鋼構造協会規格による   (JIS G 3466 による)

(f) H形鋼質量

$H \times B$ [mm]	t_1 [mm]	t_2 [mm]	単位質量 [kg/m]	$H \times B$ [mm]	t_1 [mm]	t_2 [mm]	単位質量 [kg/m]
100×50	5	7	9.30	340×250	9	14	79.7
100×100	6	8	17.2	350×350	12	19	137
125×60	6	8	13.2	396×199	7	11	56.6
125×125	6.5	9	23.8	400×200	8	13	66.0
150×75	5	7	14.0	390×300	10	16	107
148×100	6	9	21.1	400×400	13	21	172
150×150	7	10	31.5	446×199	8	12	66.2
175×90	5	8	18.1	450×200	9	14	76.0
175×175	7.5	11	40.2	440×300	11	18	124
200×100	5.5	8	21.3	496×199	9	14	79.5
194×150	6	9	30.6	500×200	10	16	89.6
200×200	8	12	49.9	482×300	11	15	114
250×125	6	9	29.6	488×300	11	18	128
244×175	7	11	44.1	596×199	10	15	94.6
250×250	9	14	72.4	600×200	11	17	106
300×150	6.5	9	36.7	582×300	12	17	137
294×200	8	12	56.8	588×300	12	20	151
300×300	10	15	94.0	700×300	13	24	185
300×305	15	15	106	800×300	14	26	210
346×174	6	9	41.4	900×300	16	28	243

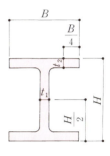

(JIS G 3192 による)

付表 4・2　構造用鋼材の JIS 規格品

規格	名称および種類
JIS G 3101	一般構造用圧延鋼材 SS400(SS41)、SS490(SS50)、SS540(SS55)
JIS G 3106	溶接構造用圧延鋼材 SM400A(SM41A)、SM400B(SM41B)、SM400C(SM41C) SM490A(SM50A)、SM490B(SM50B)、SM490C(SM50C) SM490YA(SM50YA)、SM490YB(SM50YB) SM520B(SM53B)、SM520C(SM53C)
JIS G 3114	溶接構造用耐候性熱間圧延鋼材 SMA400AW(SMA41AW)、SMA400BW(SMA41BW)、SMA400CW(SMA41CW) SMA490AW(SMA50AW)、SMA490BW(SMA50BW)、SMA490CW(SMA50CW) SMA400AP(SMA41AP)、SMA400BP(SM41BP)、SMA400CP(SMA41CP) SMA490AP(SMA50AP)、SMA490BP(SMA50BP)、SMA490CP(SMA50CP)
JIS G 3350	一般構造用軽量形鋼 SSC400(SSC41)
JIS G 3353	一般構造用溶接軽量H形鋼 SWH400(SWH41)、SWH400L(SWH41L)
JIS G 3444	一般構造用炭素鋼鋼管 STK400(STK41)、STK490(STK50)
JIS G 3466	一般構造用角形鋼管 STKR400(STKR41)、STKR490(STKR50)
JIS G 5201	溶接構造用遠心力鋳鋼管 SCW490－CF(SCW50－CF)

4 章　鉄骨造の積算　　115

付表 4・3　形鋼・鋼管の形状・寸法

(a) 形鋼・鋼管の形状・寸法

名称		等辺山形鋼	不等辺山形鋼	I 形鋼	みぞ形鋼	H 形鋼
形状						
寸法	$A \times B$ または $H \times B$ [mm]	25×25〜250×250	90×75〜150×100	100×75〜600×190	75×40〜380×100	100×50〜912×302
	t または t_1 [mm]	3〜35	7〜15	5〜16	5〜13	4.5〜45
	t_2 [mm]			8〜35	7〜20	7〜70
	長さ [m]	6〜15				

(b) 鋼管

名称		鋼管	角形鋼管	
形状				
寸法	$A \times B$ D [mm]	21.7〜1016.0	40×40〜350×350	50×20〜400×200
	t [mm]	2.0〜22.0	1.6〜12.0	1.6〜12.0

(JIS G 3444、3466 による)

付表 4・4　溶接延長換算表

(a) 溶接継手の表示記号

分類		記号
溶接工法	アーク手溶接、ガスシールドアーク半自動溶接、セルフガスシールドアーク溶接	H
	サブマージアーク自動溶接	A
溶接継手	突合せ溶接　突合せ継手	B
	T 形継手	T
	かど継手	L
	すみ肉溶接	F
	部分溶込み溶接	P
	フレア溶接	FL
溶接面	片面溶接	1
	両面溶接	2

(社)営繕協会編／建設大臣官房官庁営繕部監修「鉄骨設計標準図」(平成 2 年版) による

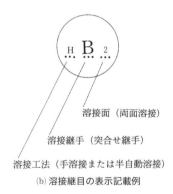

溶接面（両面溶接）
溶接継手（突合せ継手）
溶接工法（手溶接または半自動溶接）

(b) 溶接継目の表示記載例

(c) 溶接継目の溶接長 6mm 換算率　　　[単位：mm]

mm 換算率 [単位：mm]

板厚 t	余盛高
$t \leq 4$	1
$4 < t \leq 12$	2
$12 < t \leq 20$	3
$20 < t$	4

溶接継目の種類、開先の種類、継手の種類および断面寸法からサイズ 6 mm のすみ肉溶接との断面比（溶接長 6 mm 換算率）を求めたものである。

基準となるサイズ 6 mm のすみ肉溶接の断面積は、余盛を含み $\frac{6 \times 6}{2} \times 1.1^2 = 21.78$ mm^2 とした。余盛については左表によった。

付表 4・5（1） 突合せ溶接

（突合せ継手）

HB₁

t	K	t	K
4	0.83	19	12.05
5	1.38	20	12.99
6	1.93	21	14.42
7	3.13	22	15.43
8	3.65	23	16.47
9	4.23	24	17.55
10	4.82	25	18.66
11	5.45	26	19.80
12	6.11	27	20.97
13	7.14	28	22.18
14	7.88	29	23.42
15	8.65	30	24.69
16	9.45	31	25.99
17	10.29	32	27.32
18	11.15	⋮	⋮
		40	39.15

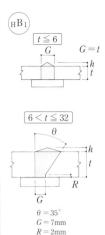

$\theta = 35°$
$G = 7\text{mm}$
$R = 2\text{mm}$

HB₂

t	K	t	K
4	1.15	19	12.33
5	1.99	20	14.44
6	2.49	21	16.02
7	3.06	22	16.88
8	3.36	23	17.77
9	3.70	24	18.70
10	6.09	25	19.65
11	6.52	26	20.64
12	7.00	27	21.66
13	8.06	28	22.71
14	8.65	29	23.79
15	9.30	30	24.91
16	9.99	31	26.05
17	10.72	32	27.23
18	11.50	⋮	⋮
		40	37.78

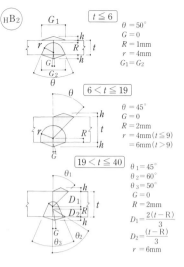

AB₁

t	K	t	K
4	1.24	19	9.83
5	1.65	20	10.57
6	1.93	21	11.71
7	2.20	22	12.52
8	2.48	23	13.35
9	2.75	24	14.20
10	3.30	25	15.08
11	3.31	26	15.98
12	3.58	27	16.91
13	5.89	28	17.86
14	6.48	29	18.84
15	7.10	30	19.84
16	7.75	31	20.86
17	8.42	32	21.92
18	9.11	⋮	⋮
		40	31.21

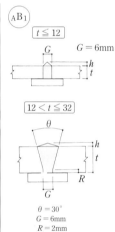

$\theta = 30°$
$G = 6\text{mm}$
$R = 2\text{mm}$

AB₂

t	K	t	K
4	0.77	19	13.88
5	1.52	20	14.67
6	1.99	21	16.35
7	2.50	22	17.28
8	3.05	23	21.24
9	3.65	24	22.18
10	5.33	25	23.16
11	6.14	26	24.15
12	6.98	27	25.17
13	10.22	28	26.21
14	10.69	29	27.28
15	11.22	30	28.37
16	11.81	31	29.49
17	12.44	32	30.63
18	13.13	⋮	⋮
		40	40.60

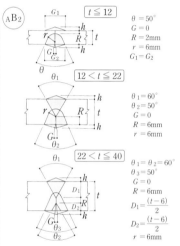

付表 4・5（2） 突合せ溶接

（T 形継手）

HT₁

t	K	t	K
4	1.34	19	12.81
5	1.75	20	13.89
6	2.21	21	15.00
7	3.07	22	16.15
8	3.66	23	17.35
9	4.29	24	18.58
10	4.97	25	19.85
11	5.68	26	21.17
12	6.43	27	22.52
13	7.22	28	23.92
14	8.05	29	25.35
15	8.92	30	26.83
16	9.84	31	28.34
17	10.79	32	29.90
18	11.78	⋮	⋮
		40	43.78

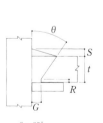

$\theta = 35°$
$t \leq 6\text{mm} \quad G = 6\text{mm}$
$6\text{mm} < t \leq 40\text{mm} \quad G = 7\text{mm}$
$S = \dfrac{t}{4} \leq 10\text{mm}$
$R = 2\text{mm}$

HT₂

t	K	t	K
4	1.21	19	14.21
5	1.67	20	15.04
6	2.20	21	16.00
7	3.27	22	17.00
8	3.66	23	18.03
9	4.12	24	19.11
10	6.79	25	20.22
11	7.39	26	21.37
12	8.04	27	22.55
13	8.75	28	23.77
14	9.33	29	25.03
15	10.34	30	26.32
16	11.22	31	27.66
17	12.16	32	29.03
18	13.15	⋮	⋮
		40	41.31

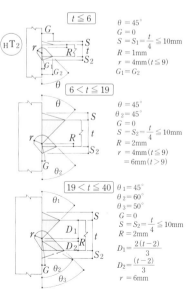

4 章 鉄骨造の積算

t	K	t	K
4	1.34	19	12.81
5	1.75	20	13.89
6	2.21	21	15.00
7	2.71	22	16.15
8	3.25	23	17.35
9	3.83	24	18.58
10	4.45	25	19.85
11	5.11	26	21.17
12	5.81	27	22.52
13	7.22	28	23.92
14	8.05	29	25.35
15	8.92	30	26.83
16	9.84	31	28.34
17	10.79	32	29.90
18	11.78	⋮	⋮
		40	43.78

$_A T_1$

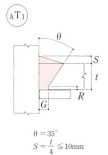

$\theta = 35°$
$S = \dfrac{t}{4} \leq 10\text{mm}$
$R = 2\text{mm}$

t	K	t	K
4	0.88	19	18.17
5	1.32	20	19.31
6	1.83	21	20.53
7	2.41	22	21.79
8	3.05	23	23.10
9	3.77	24	24.45
10	5.63	25	25.85
11	6.59	26	27.30
12	7.61	27	28.80
13	11.15	28	30.34
14	12.07	29	31.93
15	13.09	30	33.57
16	14.21	31	35.25
17	15.43	32	36.98
18	16.75	⋮	⋮
		40	52.53

$_A T_2$

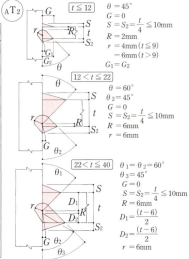

$t \leq 12$
$\theta = 45°$
$G = 0$
$S = S_2 = \dfrac{t}{4} \leq 10\text{mm}$
$R = 2\text{mm}$
$r = 4\text{mm}\,(t \leq 9)$
$\quad = 6\text{mm}\,(t > 9)$
$G_1 = G_2$

$12 < t \leq 22$
$\theta = 60°$
$\theta_2 = 45°$
$G = 0$
$S = S_2 = \dfrac{t}{4} \leq 10\text{mm}$
$R = 6\text{mm}$
$r = 6\text{mm}$

$22 < t \leq 40$
$\theta_1 = \theta_2 = 60°$
$\theta_3 = 45°$
$G = 0$
$S = S_2 = \dfrac{t}{4} \leq 10\text{mm}$
$R = 6\text{mm}$
$D_1 = \dfrac{(t-6)}{2}$
$D_2 = \dfrac{(t-6)}{2}$
$r = 6\text{mm}$

付表 4·5（3） 突合せ溶接

t	K	t	K
4	0.83	19	12.05
5	1.38	20	12.99
6	1.93	21	14.42
7	3.13	22	15.43
8	3.66	23	16.47
9	4.23	24	17.55
10	4.82	25	18.66
11	5.45	26	19.80
12	6.11	27	20.97
13	7.14	28	22.18
14	7.88	29	23.42
15	8.65	30	24.69
16	9.45	31	25.99
17	10.29	32	27.32
18	11.15	⋮	⋮
		40	39.15

$_H L_1$

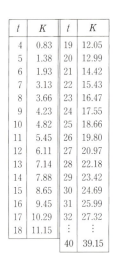

$t \leq 6$, $G = t$

$6 < t \leq 40$
$\theta = 35°$
$G = 7\text{mm}$
$R = 2\text{mm}$

t	K	t	K
4	1.06	19	13.52
5	1.71	20	14.49
6	2.22	21	15.64
7	3.30	22	16.54
8	3.66	23	17.47
9	4.08	24	18.43
10	6.70	25	19.43
11	7.23	26	20.45
12	7.81	27	21.50
13	8.69	28	22.58
14	9.38	29	23.69
15	10.11	30	24.82
16	10.90	31	25.99
17	11.73	32	27.19
18	12.60	⋮	⋮
		40	37.82

$_H L_2$

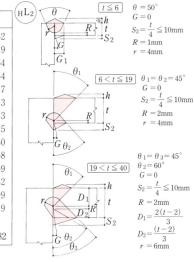

$t \leq 6$
$\theta = 50°$
$G = 0$
$S_2 = \dfrac{t}{4} \leq 10\text{mm}$
$R = 1\text{mm}$
$r = 4\text{mm}$

$6 < t \leq 19$
$\theta_1 = \theta_2 = 45°$
$G = 0$
$S_2 = \dfrac{t}{4} \leq 10\text{mm}$
$R = 2\text{mm}$
$r = 4\text{mm}$

$19 < t \leq 40$
$\theta_1 = \theta_3 = 45°$
$\theta_2 = 60°$
$G = 0$
$S_2 = \dfrac{t}{4} \leq 10\text{mm}$
$R = 2\text{mm}$
$D_1 = \dfrac{2(t-2)}{3}$
$D_2 = \dfrac{(t-2)}{3}$
$r = 6\text{mm}$

t	K	t	K
4	1.24	19	12.05
5	1.65	20	12.99
6	1.93	21	14.42
7	2.20	22	15.43
8	2.48	23	16.47
9	2.75	24	17.55
10	3.03	25	18.66
11	3.31	26	19.80
12	3.58	27	20.97
13	7.14	28	22.18
14	7.88	29	23.42
15	8.65	30	24.69
16	9.45	31	25.99
17	10.29	32	27.32
18	11.15	⋮	⋮
		40	39.15

$_A L_1$

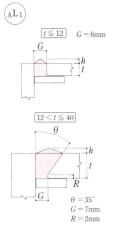

$t \leq 12$, $G = 6\text{mm}$

$12 < t \leq 40$
$\theta = 35°$
$G = 7\text{mm}$
$R = 2\text{mm}$

t	K	t	K
4	0.69	19	14.69
5	1.27	20	18.76
6	1.73	21	20.16
7	2.25	22	21.31
8	2.81	23	22.51
9	3.43	24	23.74
10	5.07	25	25.00
11	5.91	26	26.31
12	6.78	27	27.65
13	10.21	28	29.03
14	10.82	29	30.45
15	11.48	30	31.59
16	12.20	31	33.39
17	12.98	32	34.92
18	13.80	⋮	⋮
		40	48.47

$_A L_2$

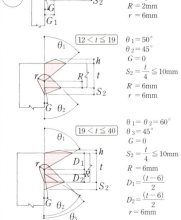

$t \leq 12$
$\theta = 50°$
$G = 0$
$S_2 = \dfrac{t}{4} \leq 10\text{mm}$
$R = 2\text{mm}$
$r = 6\text{mm}$

$12 < t \leq 19$
$\theta_1 = 50°$
$\theta_2 = 45°$
$G = 0$
$S_2 = \dfrac{t}{4} \leq 10\text{mm}$
$R = 2\text{mm}$
$r = 6\text{mm}$

$19 < t \leq 40$
$\theta_1 = \theta_2 = 60°$
$\theta_3 = 45°$
$G = 0$
$S_2 = \dfrac{t}{4} \leq 10\text{mm}$
$R = 6\text{mm}$
$D_1 = \dfrac{(t-6)}{2}$
$D_2 = \dfrac{(t-6)}{2}$
$r = 6\text{mm}$

118

付表 4・5（4） すみ肉溶接

t	K	t	K
4	0.50	19	4.81
5	0.89	20	5.73
6	1.39	21	6.72
7	1.39	22	6.72
8	2.00	23	7.79
9	2.72	24	7.79
10	2.72	25	8.95
11	3.56	26	10.18
12	4.50	27	10.18
13	5.56	28	11.49
14	5.56	29	11.49
15	6.72	30	12.88
16	8.00	31	12.88
17	3.98	32	14.35
18	4.81	⋮	⋮
		40	22.90

F_2

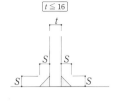
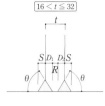

$\theta = 60°$
$R = \dfrac{t}{3}$
$D_1 = \dfrac{t}{3}$
$D_2 = \dfrac{t}{3}$

$K = \dfrac{1.21 \Sigma A}{21.78}$ とした

すみ肉溶接のサイズ　　［単位：mm］

t	4	5	6	7	8	9	10	11	12	13	14	15	16
S	3	4	5	5	6	7	7	8	9	10	10	11	12

t	17	18	19	20	21	22	23	24	25	26	27	28	29	30	31	32	…	40
S	4	4	4	4	5	5	5	5	5	6	6	6	6	7	7	7	…	24

L：すみ肉溶接の長さ
S：すみ肉溶接のサイズ
Le：有効長さ
L'：S

注：すみ肉溶接の長さ
　　設計図書に表す溶接長さの寸法は、有効長さとし、すみ肉のサイズの10倍以上とする。ただし、有効長さは、ビートの始点およびクレータを除いた部分の長さとする。

付表 4・5（5）　部分溶込み溶接

t	K
12	3.23
16	4.23
19	5.24
22	6.36
25	6.83
28	8.11
32	9.70
⋮	⋮
40	12.33

P_1

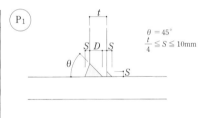

$\theta = 45°$
$\dfrac{t}{4} \leq S \leq 10\text{mm}$

t	K
16	3.54
19	5.17
22	7.12
25	9.37
28	11.94
32	15.84
⋮	⋮
40	25.30

P_2

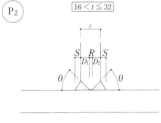

$\theta = 45°$
$R = 2\text{mm}$
$\dfrac{t}{4} \leq S \leq 10\text{mm}$
$D_1 = \dfrac{(t-R)}{2}$
$D_2 = \dfrac{(t-R)}{2}$

注：部分溶込み溶接（P）
　①溶接工法……原則として、アーク手溶接、ガスシールドアーク半自動溶接およびセルフガスシールドアーク半自動溶接とする。
　②片面溶接……原則として、開先を取らない側にも補強すみ肉溶接を行う（Sは補強すみ肉溶接のサイズ）。

付表 4・5（6）　フレア溶接

d	K
10	1.64
12	2.36
13	2.77
14	3.22
16	4.20
18	5.32
19	5.93
20	6.57
22	7.94

FL_1

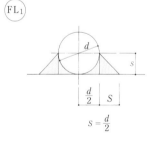

$S = \dfrac{d}{2}$

d	K
10	1.90
12	2.52
13	3.46
14	3.86
16	4.73
18	5.67
19	6.17
20	6.70
22	8.81

FL_2

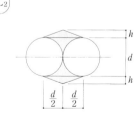

5 木造の積算

　木造建築物の数量積算は、他の構造形式の建築物の数量積算と比較すると、規模的には小規模となるが、その内容が非常に細かく複雑で、予想以上に手間がかかるものである。そのため、設計図書などを注意深く慎重に見ながら、拾いもれのないように各部分の数量を拾い出していかなければならない。

5・1　積算の区分と順序

1）積算の区分

　一般の木造住宅の工事では、鉄筋コンクリート造や鉄骨造のように躯体部分と仕上部分とを区分せず、図5・1のように**工事の構成に対応した区分**によって積算を行う。

2）積算の順序

　数量の拾い出しは、**仮設工事 ⇨ 土工事・地業工事 ⇨ 基礎工事 ⇨ 木工事 ⇨ 外部仕上工事**（屋根工事、左官工事、塗装・吹付け工事、外部雑工事など）⇨ **内部仕上工事**（木工事、左官工事、内装工事、建具工事など）の順で進めていく。

　また、それぞれの拾い出しは、次のような順序で進め、拾いもれをなくすようにする。

①建築物全体でみると、**下部から上部へ**と拾い出しを進め、各部位については、**構造材から下地材、仕上材へ**と拾い出しを進めていく。

②設計図面上での拾い出しは、**X軸方向は下から上へ、Y軸方向は左から右へ**と進めていく。

5・2　設計例

　本章では、図5・2～図5・8に示す設計例について、建築数量積算基準に基づいて数量の拾い出しを行う。

●設計例の概要

　用　　途：住宅
　構　　造：木構造
　階　　数：平屋建
　建築面積：35.64m²
　延　面　積：34.02m²
　外部仕上げ・内部仕上げ：表5・1に示す。

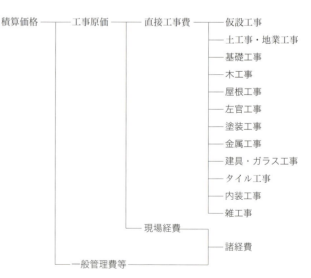

図5・1　木造住宅における建築工事費の構成

120

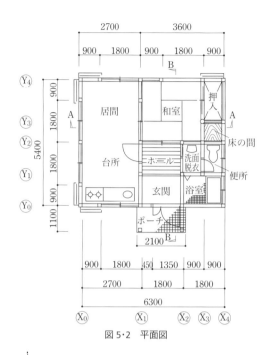

図 5・2 平面図

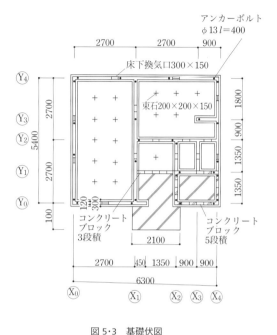

図 5・3 基礎伏図

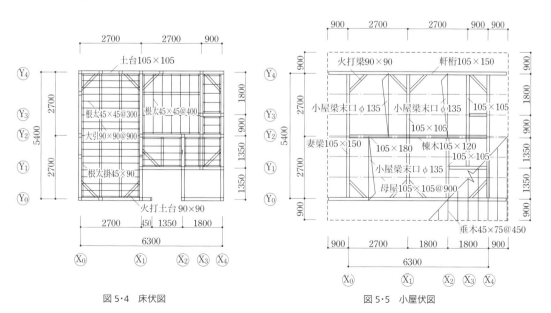

図 5・4 床伏図

図 5・5 小屋伏図

5 章 木造の積算

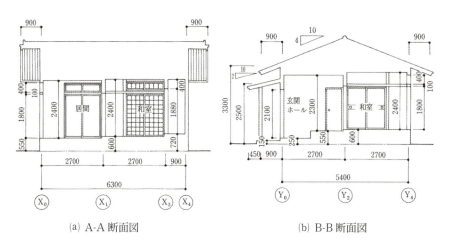

(a) A-A 断面図　　(b) B-B 断面図

図 5・6　断面図

(a) 南立面図　　(b) 東立面図

(c) 北立面図　　(d) 西立面図

図 5・7　立面図

表 5・1　外部仕上・内部仕上表

外部仕上		
屋根	日本瓦葺	
軒裏	モルタルはけ引きリシン吹付け	
外壁	モルタルはけ引きリシン吹付け	
基礎	モルタルはけ引き仕上	

内部仕上			
室名	床	壁	天井
玄関・ホール	合板下地縁甲板張り	化粧合板張り	プラスターボード下地ビニールクロス張り
和室6畳	畳敷き	じゅ楽	杉柾敷目天井板張り
床の間	化粧合板張り	じゅ楽	杉柾敷目天井板張り
押入	合板張り	合板張り	合板張り
台所・居間	合板下地フローリングブロック張り	プラスターボード下地ビニールクロス張り	プラスターボード下地ビニールクロス張り
洗面・脱衣所	合板下地長尺塩ビシート張り	石綿板下地ビニールクロス張り	プラスターボード O.P 塗り
便所	合板下地長尺塩ビシート張り	石綿板下地ビニールクロス張り	プラスターボード O.P 塗り
浴室	モザイクタイル張り	100角タイル張り	硬質塩ビ板

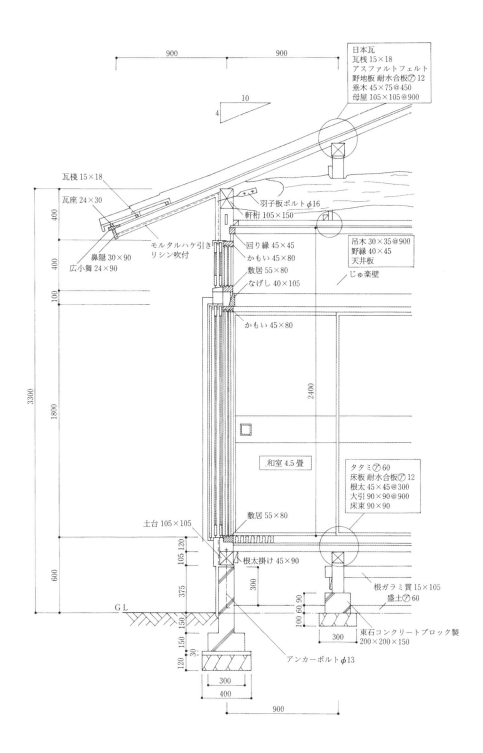

図 5・8 矩計図

5・3 土工事・地業工事

1 土工事の数量

土工事の内訳の表示例を表5・2に示す。

1）根切り

根切りとは、建築物の基礎工事に関連して行われる土の掘削で、図5・9のような種類がある。木造建築物の基礎は、布基礎および独立基礎を用いることが多く、根切りは布掘りおよびつぼ掘りとするのが一般的である。

一般の建築工事における根切りの数量は、2章「土工・地業」に示すような積算基準に基いて行われるが、木造住宅などの軽微な根切りの場合は、積算基準どおり行うと土量が必要以上に大きくなる。したがって根切り幅は、基礎底面幅の左右に0.10～0.15mの余幅を加えたものとし、根切り深さと根切り長さを乗じて求める。

> 根切りの数量［m³］＝根切り幅［m］× 根切り長さ［m］× 根切り深さ［m］　……(5・1)

計算例　設計例の根切りの数量を求める。

○根切りの数量

(1) 布掘り部分図5・10(b)より、根切り幅（余幅を0.10mとする）0.50m、根切り深さ0.45m、図5・11より、根切り長さの合計は、22.55m ＋ 13.25m ＝ 35.80m　となる。

よって、式（5・1）より、

0.50m × 35.80m × 0.45m ＝ 8.055m³　⇨　8.06m³　となる。

(2) つぼ掘り部分　図5・10(c)より、根切り深さ0.10m、根切り幅0.30m角であり、図5・10(a)より、根切り箇所は16ヶ所である。よって、

0.30m × 0.30m × 0.10m × 16 ＝ 0.144m³　⇨　0.14m³　となる。

(3) 根切りの数量の合計　布掘り部分とつぼ掘り部分の合計となるので、

8.06m³ ＋ 0.14m³ ＝ 8.20m³　となる。

2）埋戻し

埋戻しとは、基礎や地下構築物外周の余分に掘削した部分に土砂をもとの状態に戻すことで、その数量は、根切りの数量の合計から地下構築物の数量を減じて求める。

> 埋戻しの数量［m³］＝根切りの数量の合計［m³］－ 地下構築物の数量［m³］　………(5・2)

3）盛土

盛土とは、設計図にしたがって現在の地盤の上に土を盛ることで、その数量は、盛土を行う面積にその地盤からの平均厚さを乗じて求める。

> 盛土の数量［m³］＝盛土面積［m²］× 盛土の平均厚さ［m］　……………………………(5・3)

4）建設発生土（不用土）処理

建設発生土処理とは、その建築工事について不用になる土の処理で、その数量は、根切りの数量の合計から埋戻しの数量および盛土の数量を減じて求める。

土工事 ▶ 地業工事 ▶ 基礎工事 ▶ 木工事

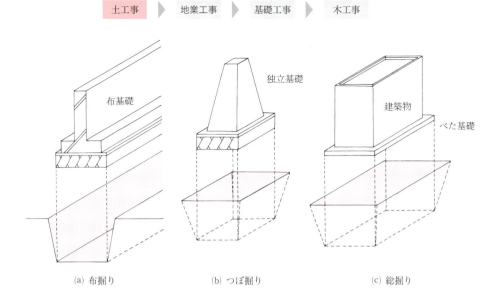

(a) 布掘り　　(b) つぼ掘り　　(c) 総掘り

図 5・9　基礎の種類および根切り

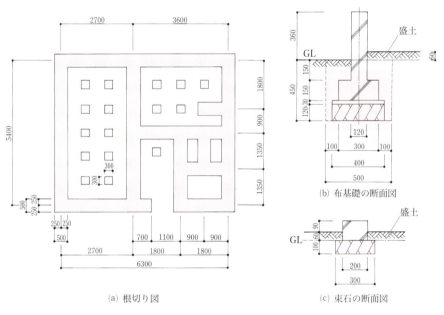

(a) 根切り図　　(b) 布基礎の断面図

(c) 束石の断面図

図 5・10　基礎部分・束石部分の根切り図

表 5・2　土工事・地業工事の内訳明細書

番号	名称	摘要	単位	数量	単価	金額	備考
	根切り		m³	8.2			
	埋戻し		m³	2.8			
	盛土		m³	1.6			
	建設発生土処理		m³	3.9			
	割ぐり石		m³	2.6			
	目つぶし砂利		m³	0.8			
	均し(捨)コンクリート		m³	0.4			
	小計						

5章　木造の積算　　125

$$\text{建設発生土処理の数量 [m}^3\text{] = 根切りの数量の合計 [m}^3\text{] − 埋戻しの数量および盛土の数量 [m}^3\text{]} \quad \cdots\cdots\cdots\cdots (5\cdot4)$$

計算例 設計例の埋戻し、盛土、建設発生土処理の数量を求める。

○埋戻しの数量

(1) 根切りの数量の合計　根切りの数量の計算例より、8.20m³ となる。

(2) 地下構築物の数量

ⅰ) 布基礎部分　後述の計算例より、割石の数量 1.74m³、目つぶし砂利の数量（割石の数量の30%）0.52m²、均しコンクリートの数量 0.43m³ である。基礎構造体の地下部分の数量は、フーチング部分の長さ 36.60m（図5·16 (a)）、基礎の立ち上がり部分の長さ 37.32m（図5·17 (a)、フーチング部分の面積 0.05m²、基礎の立ち上がり部分の面積 0.02m²（図5·12 (a)、(b)）となるので、基礎構造体の数量は、（0.05m² × 36.60m）＋（0.02m² × 37.32m）＝ 2.576m³ ⇨ 2.58m³ となる。

よって、地下部分の数量は、1.74m³ ＋ 0.52m³ ＋ 0.43m³ ＋ 2.58m³ ＝ 5.27m³　となる。

ⅱ) 束石部分後述の割石敷の計算例より、割石の数量 0.14m³、目つぶし砂利の数量（割石の数量の30%）0.04m³ となる。

よって地下部分の数量は、0.14m³ ＋ 0.04m³ ＝ 0.18m³　となる。

ⅲ) 地下構築物の数量の合計　5.27m³ ＋ 0.18m³ ＝ 5.45m³　となる。

(3) 埋戻しの数量　式（5·2）より 8.20m³ － 5.45m³ ＝ 2.75m³　となる。

○盛土の数量

図5·13 より盛土面積の合計は 25.84m²、図5·8 より盛土の平均厚さは 0.06m なので、式5·3より、

25.84m² × 0.06m ＝ 1.550m³ ⇨ 1.55m³　となる。

○建設発生土処理の数量

上記より、根切りの数量の合計 8.20m³、埋戻しの数量 2.75m³、盛土の数量 1.55m³ なので、式（5·4）より、8.20m³ －（2.75m³ ＋ 1.55m³）＝ 3.90m³　となる。

2 地業工事の数量

地業工事の内訳の表示例を表5·2（p.125）に示す。

1) 割石敷

割石敷は、根切り底に割石を小端立てに敷き詰め、そのすきまに砂利を充填して突き固めを行う作業である。割石の数量は、割石敷の面積に厚さを乗じて求める。また、砂利の数量は、割石の数量の約30%程度を見込んでおく。

$$\text{割ぐり石の数量 [m}^3\text{] = 割ぐり石の面積 [m}^2\text{] × 厚さ [m]} \quad \cdots\cdots\cdots\cdots\cdots (5\cdot5)$$

$$\text{目つぶし砂利の数量 [m}^3\text{] = 割ぐり石の数量の合計 [m}^3\text{] × 0.30} \quad \cdots\cdots\cdots\cdots (5\cdot6)$$

2) 均し（捨）コンクリート

均しコンクリートは、割石敷の上に打つコンクリートで、均しコンクリートの面積にその厚さを

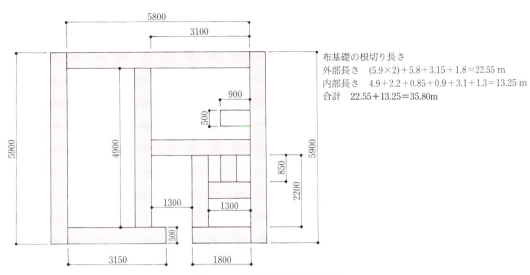

図5・11 根切り長さを求める方法

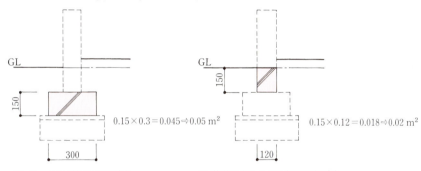

(a) フーチング部分の断面積　　(b) 基礎の立ち上がり部分の断面積

図5・12 布基礎部分の断面積

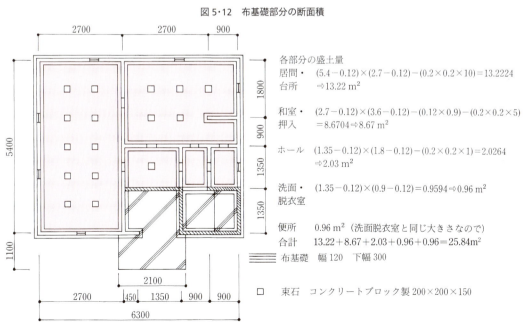

図5・13 盛土を行う部分

5章 木造の積算　127

乗じて求める。

$$均しコンクリートの数量 [m^3] = 均しコンクリートの面積 [m^3] × 厚さ [m] \quad \cdots\cdots(5\cdot7)$$

計算例 設計例の割石敷、均しコンクリートの数量を求める。

○割石敷の数量

(1) 割石の数量

ⅰ）布基礎部分 図5·14(b)より割石の幅0.40m、厚さ0.12mである。その長さは、図5·14(a)より36.20mとなる。

式（5·5）より、0.40m × 36.20m × 0.12m = 1.737m³ ⇨ 1.74m³ となる。

ⅱ）束石部分 図5·14(c)より、割石の厚さ0.10m、幅0.30m角、図5·14(a)より、設置箇所16である。

よって、0.30m × 0.30m × 0.10m × 16 = 0.144m³ ⇨ 0.14m³ となる。

ⅲ）土間コンクリート部分 割石の面積は、図5·15(a)、(b)、(c)より、浴室2.14m²、玄関・ポーチ4.61m²となるので、割石の面積の合計は、2.14m² + 4.61m² = 6.75m²となる。また、図5·15(d)より、割石の厚さは0.10mとなる。

よって、式（5·5）より、6.75m² × 0.10m = 0.675m³ ⇨ 0.68m³ となる。

ⅳ）割石の数量の合計 上記より、1.74m³ + 0.14m³ + 0.68m³ = 2.56m³ となる。

(2) 砂利の数量

割石の数量2.56m³の30%とする。

よって、式（5·6）より、2.56m³ × 0.30 = 0.768m³ ⇨ 0.77m³ となる。

○均しコンクリートの数量

図5·8より、布基礎部分の均しコンクリートは、厚さ0.03m、幅0.40mであり、その長さは、布基礎部分の割石敷長さと同じなので36.20mである。

よって、式（5·7）より、

0.40m × 36.20m × 0.03m = 0.434m³ ⇨ 0.43m³ となる。

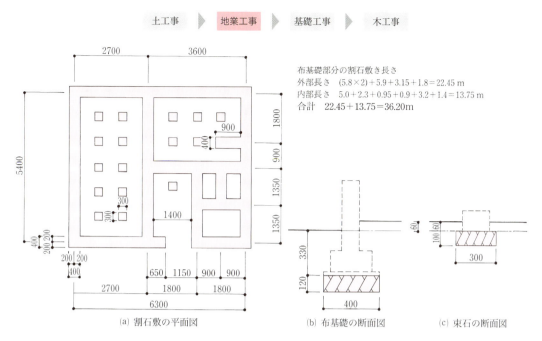

図 5・14　布基礎部分・束部分の割石敷

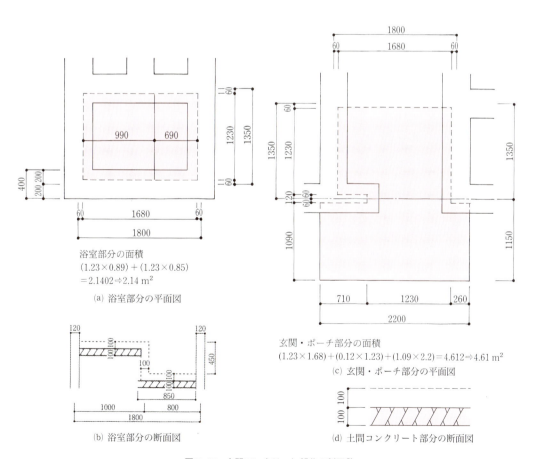

図 5・15　土間コンクリート部分の割石敷

5章　木造の積算　129

5・4 躯体工事

1 基礎工事の数量

基礎工事の内訳の表示例を表5・3に示す。

1）基礎コンクリート

基礎コンクリートの数量は、基礎コンクリートの断面積に基礎コンクリートの長さを乗じて求める。なお、コンクリート内に埋め込まれる鉄筋・スリーブ・床下換気口などの体積は、コンクリート数量から除かなくてよい。

$$\text{基礎コンクリートの数量 [m}^3\text{]} = \text{基礎コンクリートの断面積 [m}^2\text{]} \times \text{基礎コンクリートの長さ [m]} \quad \cdots\cdots(5\cdot8)$$

計算例 設計例の基礎コンクリートの数量を求める。

○基礎コンクリートの数量

(1) フーチング部分　図5・16(b)よりフーチング部分は厚さ0.15m、幅0.30mである。その長さは、図5・16(a)より36.60mとなる。よって、式（5・8）より、

　　0.15m × 0.30m × 36.60m = 1.647m³ ⇨ 1.65m³ となる。

(2) 基礎の立ち上がり部分　図5・17(b)より基礎の立ち上がり部分は、幅0.12m、高さ0.51mである。その長さは、図5・17(a)より37.32mとなる。

よって、式（5・8）より、

　　0.12m × 0.51m × 37.32m = 2.283m³ ⇨ 2.28m³ となる。

(3) 基礎コンクリートの数量の合計　上記より、

　　1.65m³ + 2.28m³ = 3.93m³ となる。

2）土間コンクリート

図5・3より、浴室部分と玄関・ポーチ部分の床に施される土間コンクリートの数量は、土間コンクリートの面積にその厚さを乗じて求める。

$$\text{土間コンクリートの数量 [m}^3\text{]} = \text{土間コンクリートの面積 [m}^2\text{]} \times \text{厚さ [m]} \quad \cdots\cdots(5\cdot9)$$

表5・3　基礎工事の内訳明細書

番号	名称	摘要	単位	数量	単価	金額	備考
	基礎コンクリート		m³	3.9			
	土間コンクリート		m³	0.7			
	型枠		m²	48.7			
	コンクリートブロック	390 × 190 × 120	m²	6.5			
	束石	CB200 × 20 × 150	個	16			
	床下換気口	300 × 150	個	7			
	アンカーボルト	φ13 l = 400	本	29			
	小計						

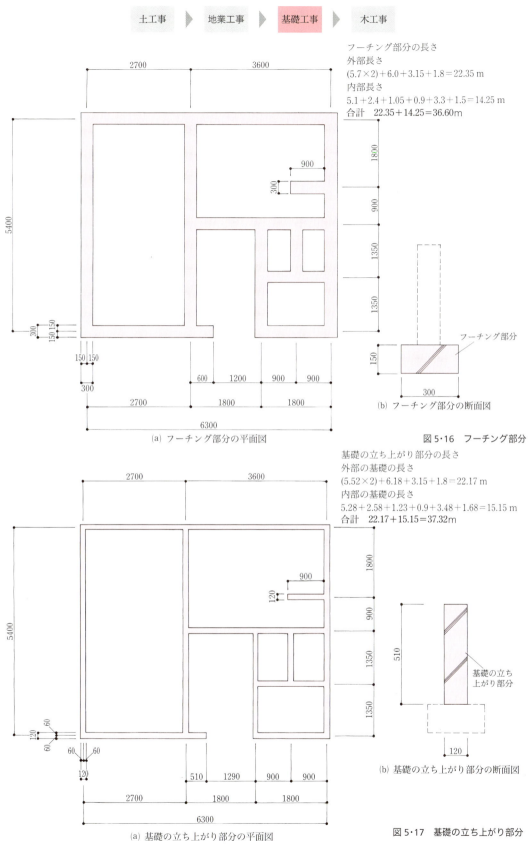

図 5·16 フーチング部分

図 5·17 基礎の立ち上がり部分

5 章 木造の積算

計算例 設計例の土間コンクリートの数量を求める。

○土間コンクリートの数量

(1) 浴室部分　土間コンクリートは、図5·18 (a)、(b)より面積 2.07m²、厚さ 0.10m、段差部分の面積 0.12m²、高さ 0.45m である。

よって、式（5·9）より、

$$(2.07m² × 0.10m) ＋ (0.12m² × 0.45m) ＝ 0.261m³ \Rightarrow 0.26m³ となる。$$

(2) 玄関・ポーチ部分　土間コンクリートは、図5·18 (c)より、面積 4.40m²、図5·15 (d)より、厚さ 0.10m である。

よって、式（5·9）より、

$$4.40m² × 0.10m ＝ 0.44m³ となる。$$

(3) 土間コンクリートの数量の合計　上記より、

$$0.26m³ ＋ 0.44m³ ＝ 0.70m³ となる。$$

3) 型枠

型枠の数量は、図5·19 のように基礎コンクリートの両側面の面積を対象とし、次式で算出する。なお、床下換気口やスリーブなどの面積は除かなくてよい。

型枠面積 ［m²］ ＝ 型枠の延べ長さ ［m］ × 型枠の高さ ［m］ ·····························(5·10)

計算例 設計例の型枠の数量を求める。

○型枠の数量

(1) フーチング部分　図5·20 (b)より、フーチングは、厚さ 0.15m であり、型枠の長さは、図5·20 (a)より 71.40m となる。よって、式（5·10）より、

$$71.40m × 0.15m ＝ 10.71m² となる。$$

(2) 基礎の立ち上がり部分　図5·21 (b)より、基礎の立ち上がり部分は、高さ 0.51m であり、型枠の長さは、図5·21 (a)より 73.68m となる。よって、式（5·10）より、

$$73.68m × 0.51m ＝ 37.576m² \Rightarrow 37.58m² となる。$$

(3) ポーチ端部　図5·18 (c)より、幅は 2.10m、奥行きは 1.04m × 2 ＝ 2.08m となるので、長さは 2.10m ＋ 2.08m ＝ 4.18m となり、コンクリートの厚さは図5·15 (d)より 0.10m となる。

よって、型枠面積は、

$$4.18m × 0.10m ＝ 0.418m² \Rightarrow 0.42m² となる。$$

(4) 型枠面積の合計　上記より、

$$10.71m² ＋ 37.58m² ＋ 0.42m² ＝ 48.71m² となる。$$

4) 束石

束石は、床束を支持するために設けられるもので、通常、材質、形状、寸法別に個数を求める。

図5·22 より、束石はコンクリートブロック製 200 × 200 × 150 を使用する。

5) コンクリートブロック

コンクリートブロックの数量は、ブロック積みを行う部分の長さに積み上げ高さを乗じて求める。

土工事 → 地業工事 → **基礎工事** → 木工事

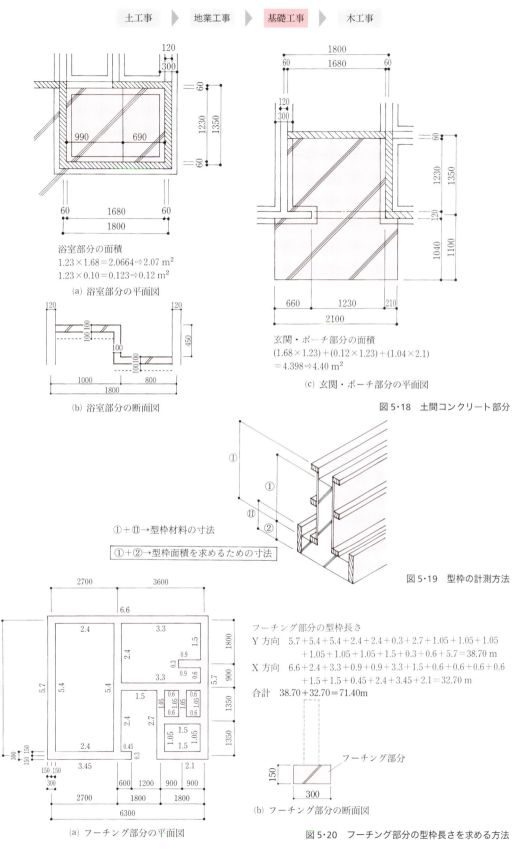

浴室部分の面積
$1.23 \times 1.68 = 2.0664 \Rightarrow 2.07 \text{ m}^2$
$1.23 \times 0.10 = 0.123 \Rightarrow 0.12 \text{ m}^2$

(a) 浴室部分の平面図

(b) 浴室部分の断面図

玄関・ポーチ部分の面積
$(1.68 \times 1.23) + (0.12 \times 1.23) + (1.04 \times 2.1)$
$= 4.398 \Rightarrow 4.40 \text{ m}^2$

(c) 玄関・ポーチ部分の平面図

図 5·18　土間コンクリート部分

①+Ⅱ→型枠材料の寸法
①+②→型枠面積を求めるための寸法

図 5·19　型枠の計測方法

フーチング部分の型枠長さ
Y 方向　$5.7+5.4+5.4+2.4+2.4+0.3+2.7+1.05+1.05+1.05$
　　　　$+1.05+1.05+1.05+1.5+0.3+0.6+5.7 = 38.70 \text{ m}$
X 方向　$6.6+2.4+3.3+0.9+0.9+3.3+1.5+0.6+0.6+0.6+0.6$
　　　　$+1.5+1.5+0.45+2.4+3.45+2.1 = 32.70 \text{ m}$
合計　$38.70+32.70 = 71.40 \text{ m}$

(a) フーチング部分の平面図

(b) フーチング部分の断面図

図 5·20　フーチング部分の型枠長さを求める方法

5 章　木造の積算

なお、ブロックの高さは、図5・23のようにブロック1個の高さが19cmであるが、目地の厚みを含めて1段20cmとして高さを計算する。

$$\boxed{\text{コンクリートブロック面積 [m}^2\text{] = 積み延べ長さ [m] × 積み高さ [m]}} \quad\cdots\cdots\cdots\cdots(5\cdot11)$$

6）その他

● a 床下換気口

床下換気口は、大きさや材質に区別して箇所数で求める。図5・3より、300 × 150を使用する。

● b アンカーボルト

アンカーボルトは、径および長さを示して本数で求める。図5・3より、直径13mm（φ13）、長さ400mm（$l = 400$）を使用する。

計算例 設計例の束石、コンクリートブロック、床下換気口、アンカーボルトの数量を求める。

○束石の数量

図5・3より、コンクリートブロック製200 × 200 × 150を16ヶ所に設置する。

○コンクリートブロックの数量

(1) 浴室部分 図5・24(a)より、積み延べ長さ5.52m、5段積み（高さ1.00m）とする。

式（5・11）より、

5.52m × 1.00m = 5.52m² となる。

(2) 玄関上がりかまち下部分 図5・24(b)より、積み延べ長さ1.68m、3段積み（高さ0.60m）とする。式（5・11）より、

1.68m × 0.60m = 1.008m² ⇨ 1.01m² となる。

(3) コンクリートブロック面積の合計 上記より、

5.52m² + 1.01m² = 6.53m² となる。

○床下換気口の数量

図5・3より、床下換気口300 × 150を7ヶ所に設置する。

○アンカーボルトの数量

図5・3より、φ13、$l = 400$を29本設置する。

❷ 木工事の数量

1）木拾いの方法

木造建築物の木拾いは、次のような方法で行う。

①木材は、3m、3.6m、4mなどの市場寸法（これを定尺という）による一本拾いとする。

②木材の必要な長さは、継手や仕口の加工をするため、図面の寸法よりも長くなる。たとえば、0.45m ⇨ 0.5m、0.9m ⇨ 1mなどのように、継手や仕口の必要な長さを含んだ寸法として拾う。

③梁・桁・土台などの水平材は4m材を基準として、4mおよび3m材を組み合わせる。また、管柱・通し柱などの垂直材は3m、6m材で拾う。

④壁・床・天井各部の下地材は面積を数量とする。所要数量は、設計寸法をm単位に切り上げた

土工事 ▶ 地業工事 ▶ 基礎工事 ▶ 木工事

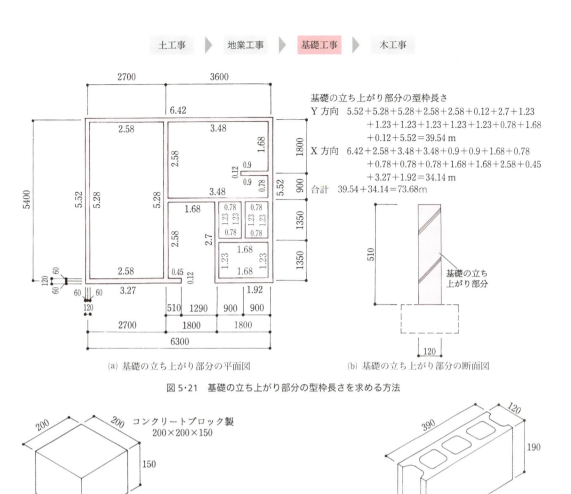

(a) 基礎の立ち上がり部分の平面図　　(b) 基礎の立ち上がり部分の断面図

図 5・21　基礎の立ち上がり部分の型枠長さを求める方法

基礎の立ち上がり部分の型枠長さ
Y 方向　5.52＋5.28＋5.28＋2.58＋2.58＋0.12＋2.7＋1.23
　　　　＋1.23＋1.23＋1.23＋1.23＋1.23＋0.78＋1.68
　　　　＋0.12＋5.52＝39.54 m
X 方向　6.42＋2.58＋3.48＋3.48＋0.9＋0.9＋1.68＋0.78
　　　　＋0.78＋0.78＋0.78＋1.68＋1.68＋2.58＋0.45
　　　　＋3.27＋1.92＝34.14 m
合計　　39.54＋34.14＝73.68 m

図 5・22　束石

図 5・23　コンクリートブロック

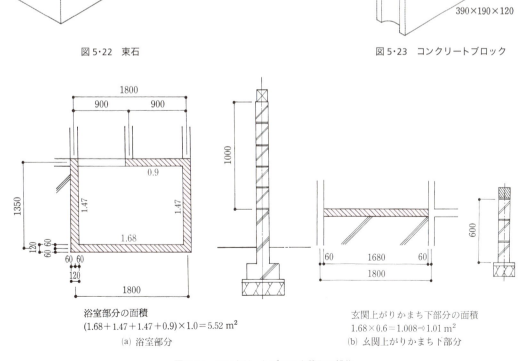

浴室部分の面積
$(1.68＋1.47＋1.47＋0.9)×1.0＝5.52 \text{ m}^2$
(a) 浴室部分

玄関上がりかまち下部分の面積
$1.68×0.6＝1.008 ⇒ 1.01 \text{ m}^2$
(b) 玄関上がりかまち下部分

図 5・24　コンクリートブロック積みの部分

5 章　木造の積算　　135

所要長さに、その木材の断面積を乗じた体積の 5% を割増ししたものとする。または、前述に
かかわらず、適切な統計値によるものとする。

⑤造作材の所要数量は、長さもしくは内法寸法に 10% を加えた長さに、ひき立て寸法による断面
積を乗じた体積に 5% を割り増ししたものとする。ひき立て寸法が示されていないときは、図
示の断面に削り代として、片面削りの場合は 0.003m、両面削りの場合は 0.005m を加えた寸法
をひき立て寸法とみなす。ただし、断面の寸法は小数点以下第 3 位まで計測・計算するものと
し、体積は小数点以下第 4 位とする。

⑥合板類は、2 尺× 8 尺、3 尺× 6 尺などの市場寸法によって枚数で拾う。

2) 木拾いの順序

木材の拾い出しにあたっては、次のような順序で行う。

①建築物全体で見ると、下部から上部へと拾い出しを進め、各部位については、構造材から下地
材、仕上材へと拾い出しを進めていく。

②設計図面上での拾い出しは、X 軸方向は下から上へ、Y 軸方向は左から右へと進めていく。

3) 床組

床組の内訳の表示例を表 5・4 に示す。

● a 土台・火打土台

①土台 土台には、ひのきやひばなどの 10.5cm 正角材が多く用いられる（図 5・25）。

②火打土台 火打土台には、土台と同質材で大引と同寸法、または、二つ割材が用いられる（図 5・26）。

● b 大引

大引には、ひのき・すぎ・つがなどの 9cm 正角材が多く用いられる（図 5・27）。

● c 根がらみ貫

根がらみ貫には、厚さ 1.3 〜 1.5cm の小幅板が多く用いられる（図 5・29）。

表 5・4　床組の内訳明細書

番号	名称	断面×長さ	単位	数量	材積〔m³〕	単価	金額	備考
	土台	4.0 × 0.105 × 0.105	本	3	0.1323			
		3.0 × 0.105 × 0.105	本	12	0.3969			
	火打土台	4.0 × 0.09 × 0.09	本	2	0.0648			
		3.0 × 0.09 × 0.09	本	1	0.0243			
	大引き	3.0 × 0.09 × 0.09	本	6	0.1458			
	根太	4.0 × 0.045 × 0.045	本	7	0.0567			
		3.0 × 0.045 × 0.045	本	26	0.1580			
	根太掛け	4.0 × 0.09 × 0.045	本	3	0.0486			
		3.0 × 0.09 × 0.045	本	7	0.0851			
	床板	1.8 × 0.9 × 0.012	枚	19				
			小計		1.2057			
		所要数量（5%割増）			1.2660			

土工事 → 地業工事 → 基礎工事 → 木工事

表5・5 製材標準寸法表（製材の日本農林規格）

(a) 針葉樹の製材標準寸法

厚さ[cm]	幅 [cm]														長さ [m]						
0.7			3.6							15.0	18.0	21.0	24.0	27.0	30.0	1.8	1.9	2.0			
0.9			3.6		小幅板	7.5	9.0	10.0	10.5	12.0	15.0	18.0	21.0		板	1.8	1.9	2.0		3.65	3.8	4.0
1.1						7.5	9.0	10.0	10.5	12.0	15.0	18.0	21.0	24.0	27.0	30.0	1.8	1.9	2.0	3.0	3.65	3.8	4.0
1.3				4.5		7.5	9.0	10.0	10.5	12.0	15.0	18.0	21.0	24.0	27.0	30.0	1.8	1.9	2.0	3.0	3.65	3.8	4.0
1.5	1.5			4.5		7.5	9.0	10.0	10.5	12.0	15.0	18.0	21.0	24.0	27.0	30.0	1.8	1.9	2.0	3.0	3.65	3.8	4.0
1.8		1.8		4.5			9.0	10.0	10.5	12.0	15.0	18.0	21.0	24.0	27.0	30.0	1.8	1.9	2.0	3.0	3.65	3.8	4.0
2.0			3.0	4.5			9.0	10.0	10.5	12.0	15.0	18.0	21.0	24.0	27.0	30.0	1.8	1.9	2.0	3.0	3.65	3.8	4.0
2.4			2.4	3.0	4.5			9.0	10.0	10.5	12.0	15.0	18.0	21.0	24.0	27.0	30.0	1.8	1.9	2.0	3.0	3.65	3.8	4.0
2.7				2.7	3.6	平割り	6.0	7.5	9.0	10.0	10.5	12.0	15.0	18.0	21.0	24.0	27.0	30.0	1.8	1.9	2.0	3.0	3.65	3.8	4.0
3.0			3.0	3.6	4.0	4.5		6.0		9.0	10.0	10.5	12.0	15.0	18.0	21.0	24.0	27.0	30.0	1.8	1.9	2.0	3.0	3.65	3.8	4.0
3.3				3.3	3.6	4.0			7.5	9.0	10.0	10.5	12.0	15.0	18.0	21.0	24.0	27.0	30.0	1.8	1.9	2.0	3.0	3.65	3.8	4.0
3.6					3.6	4.0	4.5			9.0	10.0	10.5	12.0	15.0	18.0	21.0	24.0	27.0	30.0	1.8	1.9	2.0	3.0	3.65	3.8	4.0
4.0						4.0	4.5	6.0			9.0	10.0	10.5	12.0	15.0	18.0	21.0	24.0	27.0	30.0	1.8	1.9	2.0	3.0	3.65	3.8	4.0
4.5							4.5	5.5	6.0		8.5	9.0	10.0	10.5	12.0		厚板				1.8	1.9	2.0	3.0	3.65	3.8	4.0
5.0											8.5	9.0	10.0	10.5	12.0						1.8	1.9	2.0	3.0	3.65	3.8	4.0
5.5							5.5					9.0		10.5	12.0						1.8	1.9	2.0	3.0	3.65	3.8	4.0
6.0								6.0				9.0		10.5	12.0						1.8	1.9	2.0	3.0	3.65	3.8	4.0	正角のみ
7.0									7.0												1.8	1.9	2.0	3.0	3.65	3.8	4.0
7.5					正割り					7.5											1.8	1.9	2.0	3.0	3.65	3.8	4.0
8.5											8.5										1.8	1.9	2.0	3.0	3.65	3.8	4.0
9.0												9.0					平角				1.8	1.9	2.0	3.0	3.65	3.8	4.0
10.0							正角						10.0			15.0	18.0				1.8	1.9	2.0	3.0	3.65	3.8	4.0	6.0
10.5														10.5		15.0	18.0	21.0	24.0	30.0	1.8	1.9	2.0	3.0	3.65	3.8	4.0	6.0
12.0															12.0	15.0	18.0	21.0	24.0	30.0	1.8	1.9	2.0	3.0	3.65	3.8	4.0	6.0

(b) 広葉樹の製材標準寸法

厚さ[cm]	幅 [cm]																	長さ[m]
0.9					7.7	9.0	10.0	10.5	12.0	13.0	14.0	15.0	16.0	18.0	21.0	23.0	26.0	28.0	31.0						0.3以上
1.2				小幅板	7.7	9.0	10.0	10.5	12.0	13.0	14.0	15.0	16.0	18.0	21.0	23.0	26.0	28.0	31.0						1.65まで
1.5					7.7	9.0	10.0	10.5	12.0	13.0	14.0	15.0	16.0	18.0	21.0	23.0	26.0	28.0	31.0	33.0	36.0	38.0	41.0	板	0.15建
1.8					7.7	9.0	10.0	10.5	12.0	13.0	14.0	15.0	16.0	18.0	21.0	23.0	26.0	28.0	31.0	33.0	36.0	38.0	41.0	
2.1				5.1	6.4	7.7	9.0	10.0	10.5	12.0	13.0	14.0	15.0	16.0	18.0	21.0	23.0	26.0	28.0	31.0	33.0	36.0	38.0	41.0		1.8以上
2.6	2.6		3.8	5.1	6.4	7.7	9.0	10.0	10.5	12.0	13.0	14.0	15.0	16.0	18.0	21.0	23.0	26.0	28.0	31.0	33.0	36.0	38.0	41.0		0.2建
3.2		3.2	3.8	5.1	6.4	7.7	9.0	10.0	10.5	12.0	13.0	14.0	15.0	16.0	18.0	21.0	23.0	26.0	28.0	31.0	33.0	36.0	38.0	41.0
3.8			3.8	5.1	6.4	7.7	9.0	10.0	10.5	12.0	13.0	14.0	15.0	16.0	18.0	21.0	23.0	26.0	28.0	31.0	33.0	36.0	38.0	41.0
4.5				4.5		平割り							15.0	16.0	18.0	21.0	23.0	26.0	28.0	31.0	33.0	36.0	38.0	41.0	厚板
5.1				5.1	6.4	7.7	9.0	10.0	10.5	12.0	13.0	14.0	15.0	16.0	18.0	21.0	23.0	26.0	28.0	31.0	33.0	36.0	38.0	41.0
6.0					6.0								15.0	16.0	18.0	21.0	23.0	26.0	28.0	31.0	33.0	36.0	38.0	41.0
6.4				正割り	6.4	7.7		10.0	10.5	12.0	13.0	14.0	15.0	16.0	18.0	21.0	23.0	26.0	28.0	31.0	33.0	36.0	38.0	41.0
7.7						7.7							15.0	16.0	18.0	21.0	23.0	26.0	28.0	31.0	33.0	36.0	38.0	41.0
10.0					正角			10.0					15.0	16.0	18.0	21.0	23.0	26.0	28.0	31.0	33.0	36.0	38.0	41.0
13.0											13.0		15.0	16.0	18.0	21.0	23.0	26.0	28.0	31.0	33.0	36.0	38.0	41.0	平角
16.0														16.0	18.0	21.0	23.0	26.0	28.0	31.0	33.0	36.0	38.0	41.0

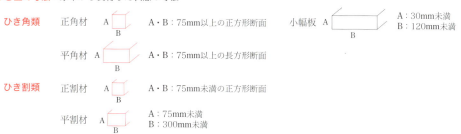

ひき立て寸法：原木から製材した状態の寸法

ひき角類　正角材　A・B：75mm以上の正方形断面
　　　　　　平角材　A・B：75mm以上の長方形断面
　　　　　　小幅板　A：30mm未満　B：120mm未満

ひき割類　正割材　A・B：75mm未満の正方形断面
　　　　　　平割材　A：75mm未満　B：300mm未満

二つ割材・三つ割材：ひき割やひき角を1/2・1/3の厚さにひいた材

5章　木造の積算

>[!NOTE] 計算例
設計例（図5・4）の土台、火打土台、大引の数量を求める。

○土台の数量

設計例では、定尺長さ3mまたは4m、10.5cm角の部材を使用している。図5・25より、

4.0 × 0.105 × 0.105　⇨　3本、3.0 × 0.105 × 0.105　⇨　12本　となる。

○火打土台の数量

設計例では、定尺長さ3mまたは4m、9cm角の部材を使用している。図5・26より、

4.0 × 0.09 × 0.09　⇨　2本、3.0 × 0.09 × 0.09　⇨　1本　となる。

○大引の数量

設計例では、定尺長さ3mまたは4m、9cm角の部材を使用している。図5・27より、

3.0 × 0.09 × 0.09　⇨　6本　となる。

また、床束に使用する材の余り（1.6m）を流用する。

土工事 ▶ 地業工事 ▶ 基礎工事 ▶ 木工事

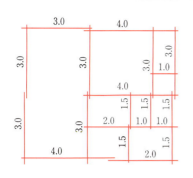

側土台
4.0×0.105×0.105　2本　　3.0×0.105×0.105　4本
2.0×0.105×0.105　1本 ⎫
1.5×0.105×0.105　2本 ⎭　3.0×0.105×0.105　2本（1m余る）
間仕切り土台
4.0×0.105×0.105　1本　　3.0×0.105×0.105　3本
2.0×0.105×0.105　1本 ⎫
1.5×0.105×0.105　3本 ⎬　3.0×0.105×0.105　3本
1.0×0.105×0.105　3本 ⎭
∴4.0×0.105×0.105　3本・3.0×0.105×0.105　12本

図5·25　土台

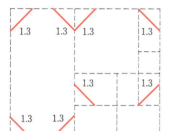

火打土台の支点間中心距離は、$0.9×\sqrt{2}=1.272\cdots≒1.27$ m となるので、1本に必要な材の長さを1.3mとする。また、設置箇所は8ヶ所となる。
1.3×0.09×0.09　8本
1.3mは4m材から3本取れ、3m材から2本取れる。
∴4.0×0.09×0.09　2本・3.0×0.09×0.09　1本

図5·26　火打土台

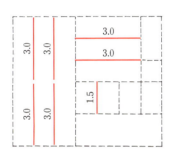

居間　　5.4×0.09×0.09　2本 ⇒ 3.0×0.09×0.09　4本
和室　　2.7×0.09×0.09　2本 ⇒ 3.0×0.09×0.09　2本
ホール　1.35×0.09×0.09　1本（床束の材の余りを流用する。）
∴3.0×0.09×0.09　6本

図5·27　大引

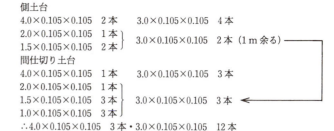

設置箇所は16箇所となる。
0.4×16＝6.4m
∴4.0×0.09×0.09　2本
（8m－6.4m＝1.6m余るので、大引の玄関部分に使用する。）

図5·28　床束

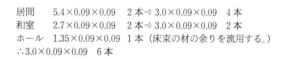

4.0×0.105×0.015　2本
1.0×0.105×0.015　8本 ⎫　4.0×0.105×0.015　1本
2.0×0.105×0.015　1本 ⎭　3.0×0.105×0.015　2本
∴4.0×0.105×0.015　3本・3.0×0.105×0.015　2本

図5·29　根がらみ貫

5章　木造の積算　139

● d　根太・根太掛け

①根太　根太には、すぎ・まつ・つがなどの 4cm × 4.5cm 〜 4.5cm × 6cm の正割材・平割材が多く用いられる。

②根太掛け　根太掛けには、大引の二つ割材や三つ割材などが多く用いられる。

● e　床板

通常、床板には、1.8 × 0.9 × 0.012 の耐水合板が使用される。

計算例　設計例の根太、根太掛け、床板の数量を求める。

○根太の数量

　設計例では、定尺長さ 3m または 4m、4.5cm 角の部材を使用している。図 5・30 より、

　　4.0 × 0.045 × 0.045　⇨　7 本、3.0 × 0.045 × 0.045　⇨　26 本　となる。

○根太掛けの数量

　設計例では、定尺長さ 3m または 4m、幅 9cm、厚さ 4.5cm の部材を使用している。図 5・31 より、

　　4.0 × 0.09 × 0.045　⇨　3 本、3.0 × 0.09 × 0.045　⇨　7 本　となる。

○床板の数量

　図 5・32 より、1.8 × 0.9 × 0.012 の耐水合板が 19 枚必要となる。

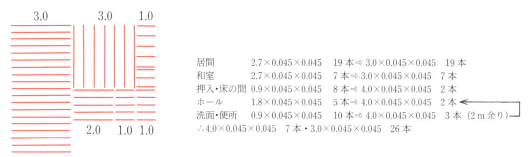

居間　　　　2.7×0.045×0.045　　19本⇒3.0×0.045×0.045　19本
和室　　　　2.7×0.045×0.045　　7本⇒3.0×0.045×0.045　7本
押入・床の間　0.9×0.045×0.045　　8本⇒4.0×0.045×0.045　2本
ホール　　　　1.8×0.045×0.045　　5本⇒4.0×0.045×0.045　2本
洗面・便所　　0.9×0.045×0.045　　10本⇒4.0×0.045×0.045　3本（2m余り）
∴4.0×0.045×0.045　7本・3.0×0.045×0.045　26本

図 5・30　根太

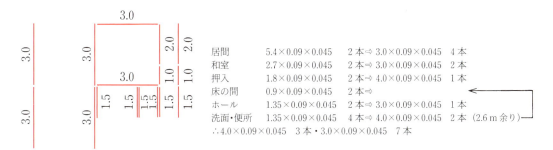

居間　　　　5.4×0.09×0.045　　2本⇒3.0×0.09×0.045　4本
和室　　　　2.7×0.09×0.045　　2本⇒3.0×0.09×0.045　2本
押入　　　　1.8×0.09×0.045　　2本⇒4.0×0.09×0.045　1本
床の間　　　0.9×0.09×0.045　　2本⇒
ホール　　　1.35×0.09×0.045　　2本⇒3.0×0.09×0.045　1本
洗面・便所　1.35×0.09×0.045　　4本⇒4.0×0.09×0.045　2本（2.6m余り）
∴4.0×0.09×0.045　3本・3.0×0.09×0.045　7本

図 5・31　根太掛け

耐水合板 1 枚の面積は、1.8×0.9＝1.62 m² なので、必要枚数は以下のようになる。
和室 4.5 畳　　2.7 m×2.7 m＝7.29 m²
　　　　　　　7.29 m²÷1.62 m²＝4.5 枚⇒5 枚（余りを床の間に流用する）
居間・台所　　2.7 m×5.4 m＝14.58 m²
　　　　　　　14.58 m²÷1.62 m²＝9 枚
ホール　　　　1.35 m×1.8 m＝2.43 m²
　　　　　　　2.43 m²÷1.62 m²＝1.5 枚⇒2 枚
洗面・脱衣　　0.9 m×1.35 m＝1.215 m²⇒1.22 m²
　　　　　　　1.22 m²÷1.62 m²＝0.753≒0.8 枚⇒1 枚
便所　　　　　洗面・脱衣と同じ大きさなので必要枚数は 1 枚
押入　　　　　0.9 m×1.8 m＝1.62 m²　　1.62 m²÷1.62 m²＝1 枚
床の間　　　　0.9 m×0.9 m＝0.81 m²　　0.81 m²÷1.62 m²＝0.5 枚
∴和室は 5 枚、居間・台所は 9 枚、ホールは 2 枚、洗面・脱衣は 1 枚　便所は 1 枚、
押入は 1 枚、合計 19 枚

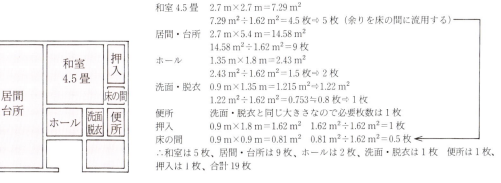

図 5・32　床板

5 章　木造の積算　　141

4）小屋組

小屋組の内訳の表示例を表 5·6 に示す。

● a　小屋梁

　小屋梁には、まつ丸太・まつ正角材・まつ平角材が多く用いられている。スパンが短ければ、10.5cm 角の正角材や 10.5cm × 12cm 〜 24cm の平角材、または、末口径 13.5cm 〜 18cm のまつ丸太が用いられ、スパンが長ければ、末口径 18cm 〜 24cm のまつ丸太が用いられる。

● b　軒桁・妻梁・頭つなぎ

　軒桁・妻梁には、まつ・すぎ・つがなどの正角材や平角材が多く用いられる。

● c　火打梁

　火打梁には、まつ・すぎ・つがなどの 9cm 角以上の正角材が多く用いられる。

　計算例　設計例の小屋梁、軒桁・妻梁・頭つなぎ、火打梁の数量を求める。

　図 5·5 より、それぞれの数量を拾い出す。

○小屋梁の数量

　設計例では、定尺長さ 3m、末口径 13.5cm のまつ丸太材を使用している。図 5·33 より、まつ丸太長さ 3m、末口 13.5cm を 3 本となる。

○軒桁・妻梁・頭つなぎの数量

　設計例では、軒桁・妻梁は定尺長さ 3m または 4m、幅 10.5cm、せい 15cm の部材を使用している。また、頭つなぎは定尺長さ 3m または 4m、10.5cm 角の部材および、幅 10.5cm、せい 18cm の部材を使用している。

（1）軒桁・妻梁の数量　図 5·34 より、

　　4.0 × 0.105 × 0.15　⇨　2 本、3.0 × 0.105 × 0.15　⇨　7 本　となる。

（2）頭つなぎの数量　図 5·35 より、

　　4.0 × 0.105 × 0.105　⇨　2 本

　　4.0 × 0.105 × 0.18　⇨　1 本

　　3.0 × 0.105 × 0.105　⇨　3 本

　　3.0 × 0.105 × 0.18　⇨　1 本　となる。

○火打梁の数量

　設計例では、定尺長さ 3m または 4m、9cm 角の部材を使用している。図 5·36 より、

　　4.0 × 0.09 × 0.09　⇨　2 本、3.0 × 0.09 × 0.09　⇨　1 本　となる。

● d　母屋

　母屋には、すぎ・つがなどの 9cm 〜 12cm 角の正角材が多く用いられる。

● e　棟木

　棟木には、すぎ・つがなどの 9cm 〜 12cm 角の正角材が多く用いられる。

● f　小屋束

　小屋束には、すぎ・つがなどの正角材が多く用いられる。

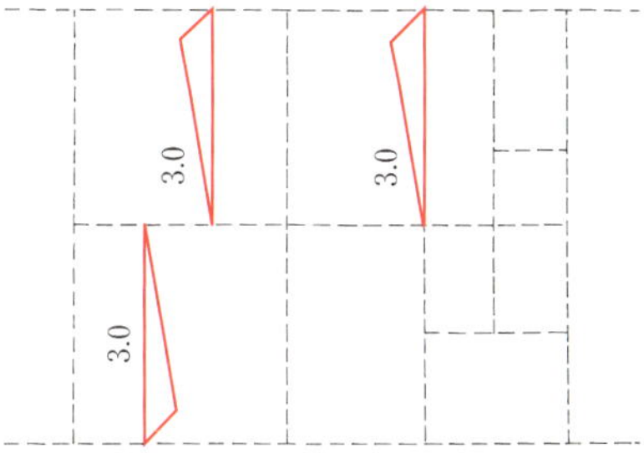

松丸太　末口 φ13.5 cm　長さ 3 m

丸太の材積の求め方
材の末口径を一辺とする正方形の断面をもつ材として扱う．

3.0×0.135×0.135 として扱う．

図 5・33　小屋梁

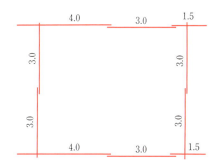

軒桁　8.1×0.105×0.15　2本
妻梁　5.4×0.105×0.15　2本
　　　↓
　　　4.0×0.105×0.15　2本
　　　3.0×0.105×0.15　6本
　　　1.5×0.105×0.15　2本 ⇒ 3.0×0.105×0.15　1本
∴ 4.0×0.105×0.15　2本・3.0×0.105×0.15　7本

図 5・34　軒桁・妻梁

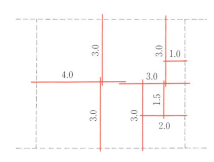

4.0×0.105×0.18　1本
3.0×0.105×0.18　1本
3.0×0.105×0.105　4本 ｝ 4.0×0.105×0.105　1本
1.0×0.105×0.105　1本 ｝ 3.0×0.105×0.105　3本
1.5×0.105×0.105　1本
2.0×0.105×0.105　1本 ｝ 4.0×0.105×0.105　1本
∴ 4.0×0.105×0.105　2本・3.0×0.105×0.105　3本
∴ 4.0×0.105×0.18　1本・3.0×0.105×0.18　1本

図 5・35　頭つなぎ

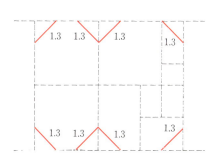

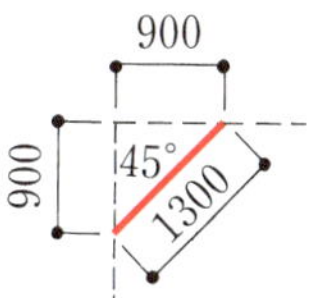

火打梁の支点間中心距離は、$0.9×\sqrt{2}=1.272……≒1.27$ m となるので、1本に必要な材の長さを 1.3 m とする。また、設置箇所は 8 ヶ所となる。
1.3×0.09×0.09　8本
1.3 m は 4 m 材から 3本取れ、3 m 材から 2本取れる。
∴ 4.0×0.09×0.09　2本・3.0×0.09×0.09　1本

図 5・36　火打梁

5章　木造の積算　143

小屋束の長さは、桁からの位置、屋根の勾配、小屋梁丸太の反り具合によって異なるが、丸太の反りは無視して求める（図5・39）。

小屋束の長さ ＝ 桁から小屋束までの距離 × 屋根の勾配 ……………………………(5・12)

● g 垂木

垂木には、まつ・すぎ・つがなどの 3.5cm × 4.5cm 〜 6cm × 9cm の正割材や平割材が多く用いられる。

計算例 設計例の母屋、棟木、小屋束、垂木の数量を求める。

図5・5 より、それぞれの数量を拾い出す。

○母屋の数量

設計例では、定尺長さ 3m または 4m、10.5cm 角の部材を使用している。図5・37 より、

4.0 × 0.105 × 0.105 ⇨ 4 本、3.0 × 0.105 × 0.105 ⇨ 6 本 となる。

○棟木の数量

設計例では、定尺長さ 3m、幅 10.5cm、せい 12cm の部材を使用している。図5・38 より、

3.0 × 0.105 × 0.12 ⇨ 3 本 となる。

○小屋束の数量

設計例では、定尺長さ 3m または 4m、9cm 角の部材を使用している。図5・39 より、

4.0 × 0.09 × 0.09 ⇨ 6 本 となる。

○垂木の数量

設計例では、定尺長さ 3m または 4m、幅 4.5cm、せい 7.5cm の部材を使用している。図5・40 より、

4.0 × 0.045 × 0.075 ⇨ 38 本 となる。

表5・6 小屋組の内訳明細書

番号	名称	断面 × 長さ	単位	数量	材積〔m³〕	単価	金額	備考
	小屋梁	松丸太 末口径 13.5cm 長さ3m	本	3	0.1640			
	軒桁・妻梁	4.0 × 0.105 × 0.15	本	2	0.1260			
		3.0 × 0.105 × 0.15	本	7	0.3308			
	頭つなぎ	4.0 × 0.105 × 0.105	本	2	0.0882			
		3.0 × 0.105 × 0.105	本	3	0.0992			
		4.0 × 0.105 × 0.18	本	1	0.0756			
		3.0 × 0.105 × 0.18	本	1	0.0567			
	火打梁	4.0 × 0.09 × 0.09	本	2	0.0648			
		3.0 × 0.09 × 0.09	本	1	0.0243			
	母屋	4.0 × 0.105 × 0.105	本	4	0.1764			
		3.0 × 0.105 × 0.105	本	6	0.1985			
	棟木	3.0 × 0.105 × 0.12	本	3	0.1134			
	小屋束	4.0 × 0.09 × 0.09	本	6	0.1944			
	垂木	4.0 × 0.045 × 0.075	本	38	0.5130			
			小計		2.2253			
		所要数量(5%割増)			2.3366			

土工事 ▷ 地業工事 ▷ 基礎工事 ▷ **木工事**

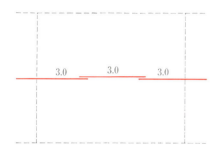

8.1×0.105×0.105　4本
⇩
4.0×0.105×0.105　4本
3.0×0.105×0.105　4本
1.5×0.105×0.105　4本⇒3.0×0.105×0.105　2本
∴4.0×0.105×0.105　4本・3.0×0.105×0.105　6本

図 5・37　母屋

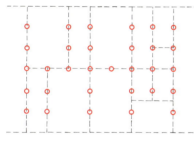

8.1×0.105×0.12　1本⇒3.0×0.105×0.12　3本
∴3.0×0.105×0.12　3本

図 5・38　棟木

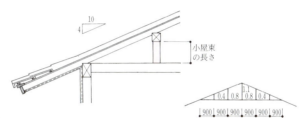

小屋束の軒桁からの位置	小屋束の寸法（高さ）	小屋束の箇所数
0.9 m	0.9×4/10＝0.36 m⇒0.4 m	11
1.8 m	1.8×4/10＝0.72 m⇒0.8 m	12
2.7 m	2.7×4/10＝1.08 m⇒1.1 m	8

0.4×11＝4.4 m⇒4.0×0.09×0.09　1本（0.4 m 足りない。）
0.8×12＝9.6 m⇒4.0×0.09×0.09　2本（1.6 m 足りない。）
1.1×8＝8.8 m⇒4.0×0.09×0.09　3本（余りを 0.4 m 材、0.8 m 材に流用する。）
∴4.0×0.09×0.09　6本

図 5・39　小屋束

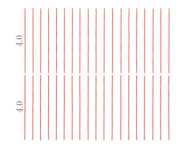

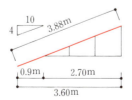

勾配 4/10 の伸び率は、表 5・13 から 1.077、したがって、垂木の実長は 3.6 m×1.077≒3.88 となり、4m 材を使用する。

3.6×0.045×0.075　38本⇒4.0×0.045×0.075　38本
∴4.0×0.045×0.075　38本

図 5・40　垂木

5 章　木造の積算　145

5）軸組

軸組の内訳の表示例を表5・7に示す。

● a 柱

柱には、1階から2階を1本の柱とする通し柱と、各階ごとの柱である管柱とがあり、ひのき・すぎ・つがなどを用いて、通し柱の場合は、長さ6mで12cm角の正角材が、管柱の場合は、長さ3mで10.5cm角や12cm角の正角材が多く用いられる。

柱は、図5・2および図5・4より拾い出すが、**柱材は途中で継ぐことがないので、単純に本数のみを拾っていく**。また、樹種・等級別に拾う場合もある。

計算例 設計例（図5・2、図5・41、図5・42）の柱の数量を求める。

○柱の数量

設計例では、定尺長さ3m、10.5cm角の部材を使用している。

図5・42より、

| 柱 | $3.0 \times 0.105 \times 0.105$ | ⇨ | 19本 |

| 半柱 | $3.0 \times 0.105 \times 0.045$ | ⇨ | 4本 |

浴室のコンクリートブロックによる組積部分の上部の柱、$4.0 \times 0.105 \times 0.105$　⇨　3本

床柱、しぼり丸太*・末口径12cm・長さ3m　となる。

*しぼり丸太：樹皮をはいだ表面に浅い凹凸（しぼ）のある床柱に用いる杉の丸太

表5・7　軸組の内訳明細書

番号	名称	断面 × 長さ	単位	数量	材積〔m³〕	単価	金額	備考
	柱	$3.0 \times 0.105 \times 0.105$	本	19	0.6284			
	半柱	$3.0 \times 0.105 \times 0.045$	本	4	0.0567			
	浴室のブロック上部の柱	$4.0 \times 0.105 \times 0.105$	本	3	0.1323			
	床柱	しぼり丸太　末口径12cm　長さ3m	本	1	0.0432			
	間柱	$3.0 \times 0.105 \times 0.03$	本	21	0.1985			
		$3.0 \times 0.045 \times 0.045$	本	16	0.0972			
	筋かい	$4.0 \times 0.09 \times 0.03$	本	2	0.0216			
		$3.0 \times 0.09 \times 0.03$	本	11	0.0891			
	貫	$3.6 \times 0.09 \times 0.015$	本	17	0.0826			
	胴縁	$3.6 \times 0.045 \times 0.015$	本	26	0.0632			
	窓まぐさ・窓台	$4.0 \times 0.1 \times 0.05$	本	1	0.0200			
		$3.0 \times 0.1 \times 0.05$	本	6	0.0900			
			小計		1.5228			
	所要数量(5%割増)				1.5989			

土工事 ▶ 地業工事 ▶ 基礎工事 ▶ 木工事

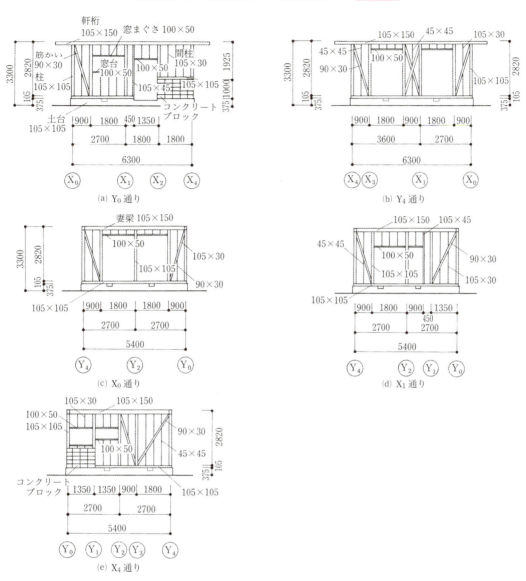

図 5・41 軸組図

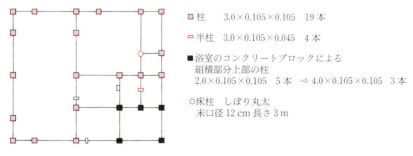

図 5・42 柱

5 章 木造の積算 147

● b　間柱

　間柱には、すぎ・つがなどを用い、大壁の場合は、10.5cm × 3cm などの柱の三つ割材、真壁の場合は、6cm × 3cm や 4.5cm × 4.5cm などの平割材・正割材が多く用いられる。

　間柱の本数および見積り寸法は、表 5・8 および表 5・9 を参考にして拾い出しを行う。

● c　筋かい

　筋かいには、すぎ・つがなどの柱の二つ割材や三つ割材が多く用いられる。

　筋かいの必要長さは、柱間 0.9m ⇨ 3m、柱間 1.35 ～ 1.8m ⇨ 4m として拾い出しを行う。

● d　貫

　貫は、真壁部分と外部大壁で内部真壁の場合に必要となる材で、すぎ・つがなどの 1.5cm × 9cm ～ 10.5cm の小幅板が多く用いられる。

　貫の本数は、開口部の高さなどにより、次のように拾い出していく。

　①開口部高さ 75cm までの壁　⇨　4 ～ 5 本

　②開口部高さ 1.2m までの壁　⇨　4 本

　③開口部高さ 1.8m までの壁　⇨　3 本

　④欄間付き掃き出し・天袋付き押入・欄間付きふすま戸など　⇨　1 本

　計算例　設計例の間柱、筋かい、貫の数量を求める。

　○間柱の数量

　　設計例では、大壁部分で定尺長さ 3m、幅 10.5cm、厚さ 3cm、併用壁部分で定尺長さ 3m、4.5cm 角の部材を使用している。

　　図 5・43 より、

　　　3.0 × 0.105 × 0.03　⇨　21 本、3.0 × 0.045 × 0.045　⇨　16 本　となる。

　○筋かいの数量

　　設計例では、定尺長さ 3m または 4m、幅 9cm、厚さ 3cm の部材を使用している。

　　図 5・44 より、

　　　4.0 × 0.09 × 0.03　⇨　2 本、3.0 × 0.09 × 0.03　⇨　11 本　となる。

　○貫の数量

　　設計例では、定尺長さ 3.6m、幅 9cm、厚さ 1.5cm の部材を使用している。

　　図 5・45 より、

　　　3.6 × 0.09 × 0.015　⇨　17 本　となる。

土工事 ▶ 地業工事 ▶ 基礎工事 ▶ **木工事**

表5・8 間柱の本数

柱の間隔〔mm〕	間柱本数〔本〕
900	1
1800	3
2700	5

表5・9 間柱の拾いの基準

開口部高さ〔mm〕	見積り寸法〔m〕
0〜750	3
850〜910	2
1210〜1350	1.5
1750〜2200	1

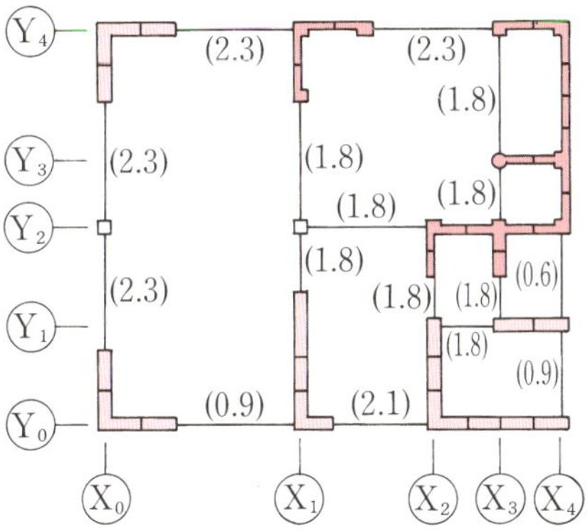

	大壁部分			真壁部分		
	3 m	2 m	1 m	3 m	2 m	1 m
Y_0	1	6	2			
Y_1		1	1			
Y_2					2	3
Y_3				1		
Y_4	1		3	2		3
X_0	2		6			
X_1	2		1	1		3
X_2		2	1	1		
X_3	1		1			4
X_4	2		2	4		
合計	9	9	17	11		13

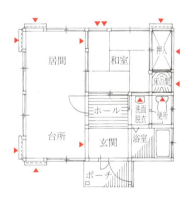

（ ）内の数値　開口部高さ〔m〕

大壁部分
$3.0×0.105×0.03$　9本 ┐
$2.0×0.105×0.03$　9本 ├ $3.0×0.105×0.03$　21本
$1.0×0.105×0.03$　17本 ┘

真壁部分
$3.0×0.045×0.045$　11本 ┐ $3.0×0.045×0.045$　16本
$1.0×0.045×0.045$　13本 ┘

図5・43　間柱

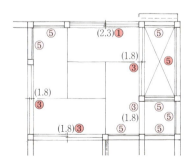

▲ 筋かい取り付け位置（シングル）
▲▲ 筋かい取り付け位置（ダブル）

$4.0×0.09×0.03$　2本
$3.0×0.09×0.03$　11本

図5・44　筋かい

（ ）内の数値　開口部高さ〔m〕
○ 内の数値　貫の本数

$0.9×0.09×0.015$　38本 ┐
$1.8×0.09×0.015$　15本 ┘ → $3.6×0.09×0.015$

図5・45　貫

5章　木造の積算　149

● e　胴縁

　胴縁の間隔は、図5・46のように仕上材の種類によって異なり、これを一本拾いするのは繁雑である。そこで、見積り上の数量拾いは、表5・10に示す壁面積当たりの概算数量によって求める。この場合、0.5m²以上の開口部は壁面積より控除する。

　　概算の胴縁長さ［m］＝ 壁面積［m²］× 単位当たりの概算数量［m/m²］　　…………(5・13)

● f　窓まぐさ・窓台

　窓まぐさ・窓台は、大壁の開口部の上下に入れ、掃出し窓や出入口部分には窓まぐさだけを入れる。また、真壁の場合は、貫がその役目を果たすので、窓まぐさ・窓台は不要である。

　計算例　設計例の胴縁、窓まぐさ・窓台の数量を求める。

　○胴縁の数量

　　設計例では、定尺長さ3.6m、幅4.5cm、厚さ1.5cmの部材を使用している。

　　図5・47より、

　　　3′×6′合板下地で胴縁間隔450の場合、$\frac{93m}{3.6m}≒25.83$　⇨　26本　となる。

　　　2′×8′合板下地で胴縁間隔450の場合、$\frac{99.3m}{3.6m}≒27.58$　⇨　28本　となる。

　○窓まぐさ・窓台の数量

　　設計例では、定尺長さ3.0m、幅10cm、厚さ5cmの部材を使用している。

　　図5・48より、

　　　4.0 × 0.1 × 0.05　⇨　1本、3.0 × 0.1 × 0.05　⇨　6本　となる。

6）造作材

　木工事における仕上材を造作材といい、外部造作材および内部造作材、内法枠材とに区分される。

　　所要数量 ＝（設計長さ× 1.1）×（ひき立て寸法による断面積）× 1.05　　…………(5・14)

造作材の内訳の表示例を表5・11に示す。

● a　外部造作材

　外部造作材としては、軒先回り（鼻隠・破風板など）、ひさし、面格子などがあり、図面・外部仕上表などから拾いもれのないようにする。

　①鼻隠・破風板　図5・49に示す両部材の延べ長さは、軒回りの延長を計測・計算する。ただし、破風板は屋根勾配による伸び率を乗じた所要長さを計上する。

　②広小舞・登りよど　両部材の延べ長さについては鼻隠・破風板の数量を準用する。

　計算例　設計例の鼻隠・破風板、広小舞・登りよどの数量を求める。

　○鼻隠・破風板の数量

　　鼻隠・破風板の設計寸法は、幅9cm、厚さ3cmなので、ひき立て寸法は各々に0.5cmを加えたものとする。図5・50より、

　　　18 × 0.095 × 0.035 × 1.05 ＝ 0.06284　⇨　0.0628m³　となる。

　○広小舞・登りよどの数量

　　広小舞・登りよどの設計寸法は、幅9cm、厚さ1.5cmなので、ひき立て寸法は各々に0.5cmを

土工事 ▶ 地業工事 ▶ 基礎工事 ▶ **木工事**

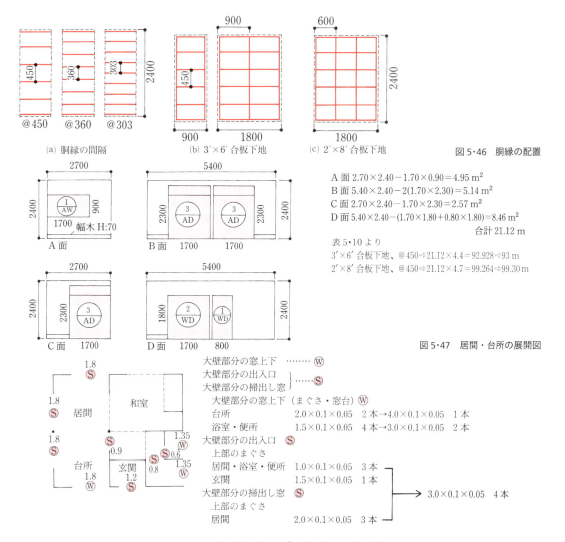

図 5・46　胴縁の配置

図 5・47　居間・台所の展開図

図 5・48　窓まぐさ・窓台の数量計算

表 5・10　胴縁の壁面積当たりの概算数量

胴縁の間隔・種類	3′×6′合板下地	2′×8′合板下地
真壁・貫付き	2.7m/m²	—
大壁 @450	4.4m/m²	4.7m/m²
@360	5.3m/m²	5.6m/m²
@303	5.7m/m²	6.0m/m²

表 5・11　造作材内訳明細書

名称		概要	所要寸法 [m]	数量 [m³]	金額
1	鼻隠・破風板		36 × 0.095 × 0.035	0.1256	
2	広小舞・登りよど		36 × 0.095 × 0.02	0.0718	
3	畳寄せ		5.94 × 0.048 × 0.043	0.0128	
4	付け鴨居		5.94 × 0.043 × 0.041	0.0128	
5	なげし		10.89 × 0.108 × 0.045	0.0556	
6	回り縁　和室		21.78 × 0.048 × 0.048	0.0527	
7	回り縁　洋室		37.62 × 0.043 × 0.039	0.0662	
8	幅木		17.33 × 0.073 × 0.028	0.0372	
9	敷居		13.37 × 0.085 × 0.058	0.0692	
10	鴨居		13.37 × 0.085 × 0.043	0.0513	
11	窓・出入口枠		9.94 × 0.105 × 0.048	0.0526	
		くつずり	1.54 × 0.105 × 0.018	0.0031	
12	サッシ付き枠		41.78 × 0.085 × 0.03	0.1119	
13	額縁		2 × 9.94 × 0.049 × 0.025	0.0244	

5 章　木造の積算

加える。長さは鼻隠・破風板の延べ長さを準用し、

$$18 \times 0.095 \times 0.02 \times 1.05 = 0.03591 \quad \Rightarrow \quad 0.0359 \text{m}^3 \text{ となる。}$$

● b　内部造作材

内部造作材としては、和室仕上げの畳寄せ・付けかもい・なげし・回り縁などがあり、原則として、長さを数量とする。

内部造作材の所要数量＝（設計長さ× 1.1）×ひき立て寸法による断面積× 1.05　…(5·15)

洋室仕上げには幅木・回り縁などがあげられる。

①畳寄せ………敷居の入っていない壁と畳との見切材として設ける。

②付けかもい…和室の壁の化粧材で畳寄せの延べ長さを準用する。

③なげし………和室の化粧材としてかもい・付けかもいの上部に設ける。

④回り縁………壁と天井材との見切材として設ける。

⑤幅木…………壁と床材との見切材として設ける。

計算例　設計例の畳寄せ・付けかもい・なげし・回り縁・幅木の数量を求める。

○畳寄せの数量

畳寄せの設計寸法は、幅 4.5cm、厚さ 4.0cm なので、ひき立て寸法は各々に 0.3cm 加える。
図 5·51 より、

$$5.94 \times 0.048 \times 0.043 \times 1.05 = 0.01287 \quad \Rightarrow \quad 0.0129 \text{m}^3 \quad \text{となる。}$$

○付けかもいの数量

付けかもいの設計寸法は、幅 4cm、厚さ 3.6cm なので、ひき立て寸法は各削り代を加える。畳寄せの延べ長さを準用し、$5.94 \times 0.043 \times 0.041 \times 1.05 = 0.01099 \quad \Rightarrow \quad 0.0110 \text{m}^3 \quad$ となる。

○なげしの数量

なげしの設計寸法は、幅 10.5cm、厚さ 4.0cm なので、ひき立て寸法は各削り代を加えたものとする。
図 5·51 より、

$$10.89 \times 0.108 \times 0.045 \times 1.05 = 0.05557 \quad \Rightarrow \quad 0.0556 \text{m}^3 \quad \text{となる。}$$

○回り縁の数量

回り縁の設計寸法は、和室では 4.5cm 角を、洋室では幅 4cm、厚さ 3.6cm の部材を使用しており、ひき立て寸法は各々に 0.3cm を加えたものとする。
図 5·52 より、

和室は、$21.78 \times 0.048 \times 0.048 \times 1.05 = 0.05269 \quad \Rightarrow \quad 0.0527 \text{m}^3 \quad$ となる。

洋室は、$37.62 \times 0.043 \times 0.039 \times 1.05 = 0.06624 \quad \Rightarrow \quad 0.0662 \text{m}^3 \quad$ となる。

○幅木の数量

幅木の設計寸法は、幅 7cm、厚さ 2.5cm なので、ひき立て寸法は各々に 0.3cm を加えたものとする。
図 5·53 より、

$$17.33 \times 0.073 \times 0.028 \times 1.05 = 0.03719 \quad \Rightarrow \quad 0.0372 \text{m}^3 \quad \text{となる。}$$

土工事 → 地業工事 → 基礎工事 → **木工事**

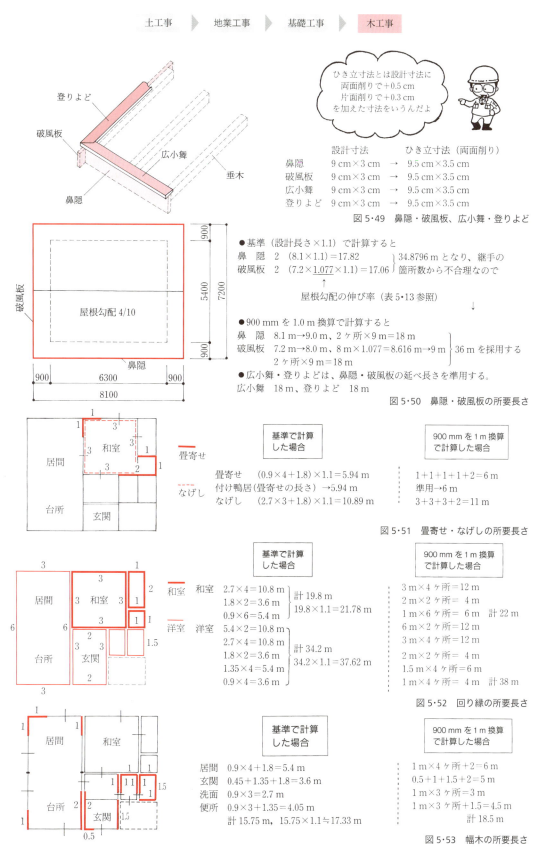

図 5・49 鼻隠・破風板、広小舞・登りよど

図 5・50 鼻隠・破風板の所要長さ

図 5・51 畳寄せ・なげしの所要長さ

図 5・52 回り縁の所要長さ

図 5・53 幅木の所要長さ

5 章　木造の積算　153

● c　内法枠材

内法枠材としては、和室（真壁）仕上げの敷居・かもいなどと、洋室（大壁）仕上げの出入口枠・サッシ付き枠・額縁などがあげられる。

①敷居・かもい　敷居・かもいはまさ目の良材を用い、敷居は幅 8cm、厚さ 5.5cm、かもいは幅 8cm、厚さ 4cm の断面寸法とし、所要長さは設計寸法（芯々長さ）× 1.1 とする。

②出入口枠　図 5・55 に示すように、大壁部の出入口には上枠・下枠（くつずり）・たて枠を設ける。

③サッシ付き枠　図 5・57 に示すように、大壁との見切材としてサッシ取付け部に設ける枠をいう。

④額縁　図 5・55 に示すように壁と窓・出入口枠などとの見切材として額縁を設ける。

計算例　設計例の敷居・かもい、出入口枠・額縁の数量を求める。

○敷居・かもいの数量

　敷居の設計寸法は、幅 8cm、厚さ 5.5cm、かもいの設計寸法は、幅 8cm、厚さ 4cm なので、ひき立て寸法は、各削り代を加えたものとする。図 5・54 より、

　　　敷居は、$13.37 \times 0.085 \times 0.058 \times 1.05 = 0.06920$　⇨　$0.0692m^3$　となる。

　　　かもいは、$13.37 \times 0.085 \times 0.043 \times 1.05 = 0.05131$　⇨　$0.0513m^3$　となる。

○出入口枠の数量

　出入口枠の設計寸法は、幅 10cm、厚さ 4.5cm なので、ひき立て寸法は各削り代を加えたものとする。ただし、出入口枠の下枠（くつずり）の厚みは 1.5cm とする。図 5・56 より、

　　　出入口枠は、$9.94 \times 0.105 \times 0.048 \times 1.05 = 0.05260$　⇨　$0.0526m^3$　となる。

　　　くつずりは、$1.54 \times 0.105 \times 0.018 \times 1.05 = 0.00305$　⇨　$0.0031m^3$　となる。

○サッシ付き枠の数量

　サッシ付き枠の設計寸法は、幅 8cm、厚さ 2.5cm なので、ひき立て寸法は各々に 0.5cm を加えたものとする。図 5・58 より、

　　　$41.78 \times 0.085 \times 0.03 \times 1.05 = 0.11186$　⇨　$0.1119m^3$　となる。

○額縁の数量

　額縁の設計寸法は、幅 4.4cm、厚さ 2cm なので、ひき立て寸法は各々 0.5cm を加えたものとする。額縁の数量は、出入口枠の両側に取り付けられているので出入口枠の数量の 2 倍となり、

　　　$2 \times 9.94 \times 0.049 \times 0.025 \times 1.05 = 0.02557$　⇨　$0.0256m^3$　となる。

土工事 ▸ 地業工事 ▸ 基礎工事 ▸ **木工事**

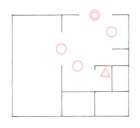

○…一間幅
◎…一間幅欄間付
△…片引き戸

所要開口部
○一間隔 →4ヶ所
◎欄間(一周幅) →1ヶ所
△片引き戸 →1ヶ所

敷居 $(1.8×6+1.35)×1.1=13.37$ m
鴨居 $(1.8×6+1.35)×1.1=13.37$ m

なお、窓・押入などでは小さな部材を使用することが多い
また、天袋付き押入の中間には中鴨居が使用される

図5·54 敷居・鴨居の所要長さ

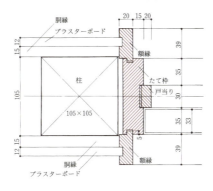

図5·55 出入口枠・額縁

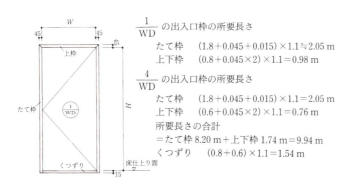

$\frac{1}{WD}$ の出入口枠の所要長さ
たて枠 $(1.8+0.045+0.015)×1.1≒2.05$ m
上下枠 $(0.8+0.045×2)×1.1=0.98$ m

$\frac{4}{WD}$ の出入口枠の所要長さ
たて枠 $(1.8+0.045+0.015)×1.1=2.05$ m
上下枠 $(0.6+0.045×2)×1.1=0.76$ m
所要長さの合計
=たて枠 8.20 m+上下枠 1.74 m=9.94 m
くつずり $(0.8+0.6)×1.1=1.54$ m

図5·56 出入口枠の所要長さ

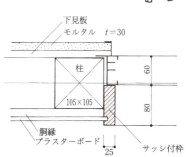

図5·57 サッシ付き枠

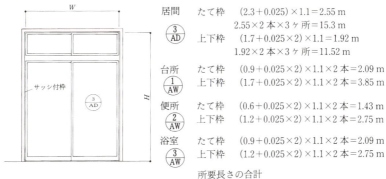

居間 たて枠 $(2.3+0.025)×1.1=2.55$ m
$\frac{3}{AD}$ $2.55×2本×3ヶ所=15.3$ m
上下枠 $(1.7+0.025×2)×1.1=1.92$ m
$1.92×2本×3ヶ所=11.52$ m

台所 たて枠 $(0.9+0.025×2)×1.1×2本=2.09$ m
$\frac{1}{AW}$ 上下枠 $(1.7+0.025×2)×1.1×2本=3.85$ m

便所 たて枠 $(0.6+0.025×2)×1.1×2本=1.43$ m
$\frac{2}{AW}$ 上下枠 $(1.2+0.025×2)×1.1×2本=2.75$ m

浴室 たて枠 $(0.9+0.025×2)×1.1×2本=2.09$ m
$\frac{3}{AW}$ 上下枠 $(1.2+0.025×2)×1.1×2本=2.75$ m

所要長さの合計
=たて枠 20.91 m+上下枠 20.87 m=41.78 m

図5·58 サッシ付き枠の所要長さ

5章 木造の積算 155

5・5　仕上工事

【1】　屋根工事の数量

屋根工事は、瓦・スレートなどの屋根材と、野地板、ルーフィングなどの下地材で構成されたものを対象とする。

屋根工事の内訳の表示例を、表5・12に示す。

1）瓦葺き

屋根葺き面積は、図5・59に示すような、屋根部分の水平面積に表5・13に示す屋根勾配の伸び率を乗じたものを葺上げ面積として計測・計算する。なお、葺上げ面積は屋根形状には関係なく、屋根勾配が同じであれば等しくなる（図5・60）。

> 屋根の葺上げ面積 ＝ 水平面積 × 屋根勾配の伸び率　 ……………………………(5・16)

2）下地材

屋根の下地材には、野地板としては耐水合板を使用し、その上に防水のためのアスファルトルーフィング（長さ21m、重量2022kg）が施される。

● a　野地板の数量

式（5・16）で求めた屋根の葺上げ面積に合板の割増率1.15を乗じたものを所要数量とする。

> 野地板の所要数量 ＝ 葺上げ面積 × 1.15　 …………………………………………(5・17)

● b　ルーフィングの数量

式（5・16）で求めた屋根の葺上げ面積を計上する。なおルーフィングの割増率は考慮しなくてよい。

> ルーフィングの所要数量 ＝ 葺上げ面積　 ………………………………………………(5・18)

計算例　設計例の屋根工事の数量を求める。

○屋根の葺上げ面積

図5・59および式（5・16）より屋根の葺上げ面積は、

8.1m × 7.2m × 1.077 ＝ 62.810m² ⇨ 62.81m²　となる。

○野地板の数量

式（5・17）より、

62.81m² × 1.15 ＝ 72.232m² ⇨ 72.23m³　となる。

なお、耐水合板の枚数は、$\dfrac{野地板の所要面積}{合板の面積}$ で求める。

$\dfrac{72.23m^2}{0.9m × 1.8m}$ ＝ 44.586 ⇨ 45枚　となる。

○ルーフィングの数量

式（5・18）より、屋根の葺上げ面積と同じ ⇨ 62.81m²　となる。

【2】　左官工事の数量

左官工事には、①モルタル塗りなどの主仕上げ、②吹付け仕上げなどの表面処理、③アスファルトルーフィングなどの防水下地があり、吹付け工事も含まれる。また、左官工事には外部左官と内

| 屋根 | 左官 | 塗装 | 金属 | 建具・ガラス | タイル | 内装 | 雑 |

表 5・12　屋根工事内訳明細書

	名称	摘要	単位	数量	単価	金額
1	瓦葺き　ひら瓦	引掛さん瓦	枚	1445		
2	瓦葺き　役物瓦		枚	440		
3	野地板		m²	72.2		
4	アスファルトルーフィング		m²	62.8		
5						

表 5・13　屋根勾配の伸び率

屋根勾配	平勾配 a	隅勾配 b
1/10	1.005	1.418
1.5/10	1.011	1.422
2/10	1.012	1.428
2.5/10	1.031	1.436
3/10	1.044	1.446
3.5/10	1.059	1.457
4/10	1.077	1.470
4.5/10	1.097	1.484
5/10	1.118	1.500
5.5/10	1.141	1.517
6/10	1.166	1.536
6.5/10	1.193	1.556
7/10	1.221	1.578
8/10	1.280	1.625
9/10	1.345	1.676
10/10	1.414	1.732

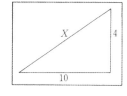

$X = \sqrt{10^2 + 4^2}$
$X = \sqrt{116} = 10.77$
$a = \dfrac{X}{10} = 1.077$

4寸勾配とは、一尺の水平長さ10に対する高さが4寸のときの勾配をいうんだよ

水平面積　8.1×7.2＝58.32
葺上げ面積　4寸勾配の伸び率は表5・13より⇒1.077
58.32×1.077＝62.811⇒62.81 m²

図 5・59　屋根面積の計算

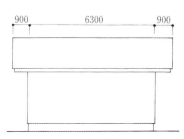

水平面積　8.1×7.2＝58.32
葺上げ面積　58.32×1.077＝62.811⇒62.81 m²
(a) 切妻屋根

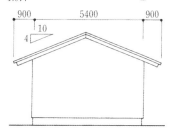

三角形 a の面積　$\dfrac{1}{2}×7.2×3.6＝12.96$
台形 b の面積　$\dfrac{1}{2}×3.6×(8.1+0.9)＝16.2$
水平面積　2×(12.96+16.2)＝58.32
葺上げ面積　58.32×1.077＝62.811⇒62.81 m²
∴水平面積と屋根勾配が同じであれば、葺上げ面積は等しい。
(b) 寄棟屋根

図 5・60　屋根形状が異なる葺上げ面積の計算

5章　木造の積算

部左官があるが、本項では外部左官工事について述べる。

外部左官工事の内訳の表示例を表5・14に示す。

1) モルタル塗り

モルタル塗りの数量は種別・塗り厚などに区分し、その面積を計測・計算する。左官材による笠木、水切り、幅木などの役物は高さ・幅、または図5・61に示す糸尺ごとの延べ長さにより計上する。

また、開口部面積が0.5m²以下または、周囲の見込幅が0.05m以下の主仕上げで、その開口部などに属する壁などと同一の主仕上げによるものは、原則として計測の対象としない。

● a　基礎

基礎のモルタル塗りは基礎上端と基礎側面に施される。

①基礎上端基礎上部を金ゴテでモルタル塗り（厚さ20～30mm）仕上げする。

> 上端モルタル塗りの延べ長さ ＝ 基礎の延べ長さ － 換気口の延べ長さ 　　　…………………(5・19)

基礎の総長さは、図5・62より 19.5m ＋ 22.5m ＝ 42m　となる。

②基礎側面基礎外周面をはけ引でモルタル塗り（厚さ20mm）仕上げする。

> 側面モルタル塗りの延べ長さ ＝ 基礎の外周の長さ － 換気口の長さ 　　　………………(5・20)

外周部の基礎の長さは、図5・63より 12.5m ＋ 12m ＝ 24.5m　となる。

● b　外壁

外壁はリシン吹付けなどの下地に適したモルタルはけ引き仕上げとする。

塗り上げ面積の計測は、図5・64に示すように、外壁面積から開口部（出入口・窓）面積を差し引く。

> 塗り上げ面積 ＝ 外壁面積 － 開口部（出入口・窓）面積 　　　………………………………(5・21)

● c　土間モルタル

玄関・ポーチ・テラス・勝手口などをモルタルで仕上げる。

● d　タイル下地モルタル

タイル仕上げの下地としてモルタルを塗る。圧着張りと積上げ張りとでは下地処理（厚さ、仕上げなど）が異なることに注意する。

2) リシン吹付け

左官材（セメント、砂、種石など）に合成樹脂塗料を混成した吹付け材は塗装工事の範囲とする。ガン吹付け仕上げの場合は、外部左官工事の塗り面積を計上する。

> リシン吹付け面積 ＝ 外部左官工事の塗り面積 　　　…………………………………………(5・22)

計算例　設計例の外壁のリシン吹付け面積を求める。

図5・64より外壁モルタル塗りの面積を求める。

式（5・21）より、

南面 $(3.0m × 6.3m) － (4.05m^2) ＝ 14.85m^2$

西面 $(3.0m × 5.4m) ＋ \dfrac{1}{2}(5.4m × 1.08m) － 7.82m^2 ＝ 11.32m^2$

| 屋根 | 左官 | 塗装 | 金属 | 建具・ガラス | タイル | 内装 | 雑 |

表 5・14 左官工事内訳明細書

	名称	摘要	単位	数量	単価	金額
1	基礎上端モルタル塗り		m	42		
2	基礎側面モルタル塗り		m	24.5		
3	土間モルタル塗り		m²	5.3		
4	外壁モルタル塗り		m²	54.6		
5	外壁吹付材	アクリルリシン	m²	54.6		
6						

糸尺…左官・塗装工事において表面に凹凸がある場合の塗り面積を求める時、図 5・64 のように、その凹凸にそって測った長さをさす。糸尺については長さ 0.05 m きざみにまとめて計測する方法もある。

図 5・61　糸尺の図

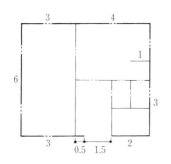

式（5-18）より
横方向　(7×2)−1.5+1+4+2＝19.5 m
縦方向　(6×3)+3+1.5＝22.5 m ⇒ 42 m
合計　（換気口の長さはすべて 0.3 m なので控除しない）

図 5・62　基礎上端モルタル塗

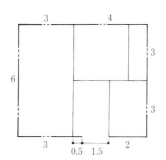

式（5-18）より
横方向　(7×2)−1.5＝12.5 m
縦方向　6×2＝12 m ⇒ 24.5 m
（換気口の面積はすべて 0.3 m² なので控除しない）

図 5・63　基礎側面モルタル塗

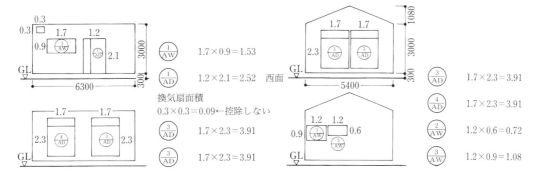

図 5・64　外壁モルタル塗の面積（建具の面積は表 5・20 参照）

5 章　木造の積算

北面（3.0m × 6.3m）− 7.82m² = 11.08m²

東面（3.0m × 5.4m）+ $\frac{1}{2}$（5.4m × 1.08m）− 1.8m² = 17.32m²

よって、塗り面積の合計は、

14.85m² + 11.32m² + 11.08m² + 17.32m² = 54.55m²　となる。

また、リシン吹付け面積も式（5・22）より 54.55m² となる。

3）塗装工事

塗装工事の数量は、**場所・材種・仕様・主仕上げ**などに区分して面積を計測・計算する。なお、塗装面には凹凸があり、面積のみでは対応しかねるので塗装係数を乗じて、塗装面積を計上する。

塗装工事の内訳の表示例を表5・15に示す。

1）一般塗装

一般的な塗装材の数量は、それぞれ下記のように区分し数量を計上する。

● a 施工場所

床・幅木・腰・壁・天井・回り縁などに区分する。

　床・腰・壁・天井などの塗装数量 ＝ 延面積 [m²] ……………………………………（5・23）

　幅木・回り縁・見切縁などの塗装数量 ＝ 延べ長さ [m] ………………………………（5・24）

　表面に凹凸がある役物類の塗装＝延べ長さ × 糸尺 [m²] ………………………………（5・25）

● b 材種

オイルペイント・エマルジョンペイント・クリヤラッカーなどがある。

● c 仕様

塗り回数・下地ごしらえの程度などにより区分する。

● d 主仕上げ

モルタル面・合板面・金属面・建具面などによって区分する。

なお、金属面の塗装係数を表5・16に示す。

2）建具塗装

建具の塗装では建具の主仕上げ、枠、額縁などに区分して求めなければならないが、作業が繁雑になるので、一般には塗装係数を用いる。

　建具類の塗装数量 ＝ 建具の内法面積 × 塗装係数 ……………………………………（5・26）

なお、建具類の塗装係数は建具の種別ごとに異なる（表5・18）。

[計算例]　設計例の建具類の塗装数量を求める。図5・66より、

㋳ 片開き木製フラッシ戸（ホール／居間）図5・66(a)より、3.89m²　となる。

表5・15　塗装工事内訳明細書

	名称	摘要	単位	数量	単価	金額
1	合成樹脂ペイント	木部　3回	m²	23.0		
2	合成樹脂ペイント	鉄部　3回	m²			
3	オイルステインクリヤラッカー	木部ツヤ消し 5回	m²	14.9		
4	ワックス磨き	床ボード面　2回	m²	17.0		

屋根 ▶ 左官 ▶ 塗装 ▶ 金属 ▶ 建具・ガラス ▶ タイル ▶ 内装 ▶ 雑

表 5・16　金属面の塗装係数

面格子	両面	内法面積×(1.0 × 2.0)
鉄製手すり	全面	手すり面積× 1.3
パイプ手すり	全面	手すり面積× 0.5 〜 1.0
屋根瓦棒葺	片面	屋根面積× 1.2
屋根折板葺	片面	屋根面積× 1.65
屋根波板葺		
大	片面	屋根面積× 1.2
小	片面	屋根面積× 1.3
目・笠木・幅木	片面	平面積×(1.5 〜 2.5)

表 5・17　枠(額縁共)のみの塗装係数

枠（両側）	建具面積× 1.0
枠（片側）	建具面積× 0.5
サッシ付額縁	建具面積× 0.5

＊最近の住宅の建具には、化粧合板張りが多く使用されているため、枠のみの塗装係数を用いると便利である。

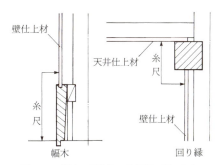

図 5・65　幅木、回り縁、見切縁の延べ長さ

表 5・18　建具の塗装係数

姿図	名称	係数	姿図	名称	係数	姿図	名称	係数
	片開きフラッシュ戸 片引きフラッシュ戸	両面 2.7		両開きフラッシュ戸ガラリ付	両面 2.8		引違い窓	両面 1.5
	額入片開きフラッシュ戸 額入引きフラッシュ戸	両面 2.2		額入両開きフラッシュ戸ガラリ付	両面 2.3		2段引違い窓 引違い窓ランマ付	両面 2.1
	片引きフラッシュ戸ガラリ付	両面 3.1		両開きガラス戸	両面 1.4			
	額入片開きフラッシュ戸ガラリ付	両面 2.5		親子開きフラッシュ戸	両面 2.6		シャッター	両面 3.7
	片開きガラス戸	両面 1.6		額入親子開きフラッシュ戸	両面 2.2		玄関プレス戸	両面 3.0

(a) ①/WD 片開き木製フラッシュ戸

　　建具の面積　0.8×1.8＝1.44 m²
　　塗装係数　2.7
　　塗装数量　1.44×2.7＝3.888⇒3.89 m²

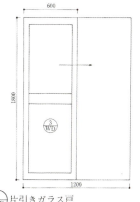

(b) ③/WD 片引きガラス戸

　　建具の面積　0.6×1.8＝1.08 m²
　　塗装係数　1.6
　　塗装数量　1.08×1.6＝1.728⇒1.73 m²

(c) ④/WD 額入り木製フラッシュ戸

　　建具の面積　0.6×1.8＝1.08 m²
　　塗装係数　2.2
　　塗装数量　1.08×2.2＝2.376⇒2.38 m²

図 5・66　建具の塗装面積

5 章　木造の積算

③ 片引きガラス戸（ホール／洗面）図 5・66 (b) より、1.73m² となる。
④ 額入り木製フラッシュ戸（便所）図 5・66 (c) より、2.38m² となる。

(4) 金属工事の積算

金属工事は、金属材による**手すり・格子・とい**などがある。ただし、これらに類するもので合成樹脂材などによるものについても金属工事で計測・計算する。

金属工事の内訳の表示例を表 5・19 に示す。

1）雨どい

雨どいは材種・形状・寸法別に区分し、長さまたは箇所数で計上する。取付け場所により、図 5・67 (a) のような種類がある。なお、使用する材料が金属以外でも金属工事として取り扱う。

また、軒どいの受け金物やたてどいのつかみ金物は、各々のといの単価に見込まれる。

● a　軒どい

軒どいは、延べ長さ (m) で計上する。図 5・69 に示すように、**軒どいの長さ≒鼻隠の延べ長さ**になる。

● b　たてどい

たてどいは、軒高 h を基準とし、軒の出 l や呼びどいによる高さ（≒ 0.3l）の部分を差し引く（図 5・67 (b)、図 5・68）。

たてどいの長さ $= h - \left(\dfrac{\alpha}{10} + 0.3\right) l$　……………………………………………(5・27)

　α：屋根勾配

● c　はいどい

はいどいは、2 階建の場合、図 5・67 (a) に示す 2 階のたてどいの位置から 1 階の軒どいまでの最短距離 L で計上する。延べ長さは水平距離に屋根勾配の伸び率：a（表 5・13 参照）を乗じて求める。

はいどいの長さ $= L ×$ 屋根勾配の伸び率：a　………………………………………(5・28)

● d　呼びどい（あんこう）

呼びどいは、箇所数で計上する。図面に明記のない場合は、軒先の出隅に一ヶ所ずつあるものとして計上する。

2）雨押え・水切り

雨押え・水切りは、材種・形状・寸法別に区分して、延べ長さ [m] で計上する。

3）面格子・手すり

面格子・手すりは、材種・形状・寸法別に区分して、箇所数で計上する。

計算例　設計例のといの数量を求める。

　○軒どいの数量

　　内外装工事で計算した鼻隠の延べ長さを準用し、**18.0m** となる。

　○たてどいの数量

　　式（5・27）より、3.3 −（0.4 + 0.3）× 0.9 = 2.67　⇨　2.70m　となり、

　　箇所数は 4 ヶ所なので 2.7 × 4 = 10.8　⇨　11m　となる。

表 5·19　金属工事内訳明細書

	名称	摘要	単位	数量	単価	金額
1	軒どい	硬質塩ビφ100	m	18.00		
2	呼びとい	硬質塩ビφ60	箇所	4		
3	たてどい	硬質塩ビφ60	m	11		
4	サッシ水切り	亜鉛メッキ#30	m	23.4		
5	戸袋雨押え	亜鉛メッキ#30	m	7.2		
6	ポーチ支柱	鋼管100角	箇所	2		

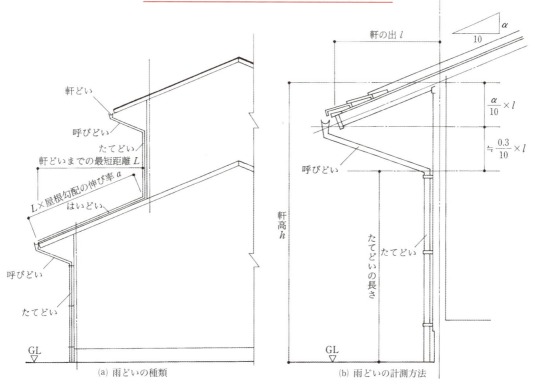

(a) 雨どいの種類　　(b) 雨どいの計測方法

図 5·67　雨どいの種類と計測方法

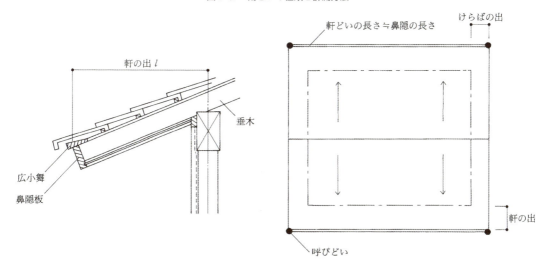

図 5·68　軒の出　　　　　図 5·69　軒どいと呼びどい

5章　木造の積算

○呼びどいの数量

図5·69より、箇所数は4ヶ所となる。

5 建具工事・ガラス工事の数量

建具工事には、木製建具工事と金属製建具工事とがあり、表面処理、主仕上げ、付合物などの複合したユニットと考え、主仕上げの材質・形状などにより区分し、計測・計算する。

建具工事の内訳の表示例を表5·20に示す。

1) 建具工事

建具の拾い出しにあたっては、図5·70のキープラン、表5·21の建具リストなどから形式別、寸法別、種類別に箇所数で算出する。連続している建具は、寸法・倍数に注意し、拾い出しを行う。また、網戸は別途に計上する。

● a　木製建具工事

洋風建具と和風建具に分類され、洋風建具にはフラッシュ戸、ガラス戸、ガラス窓などがあり、和風建具にはふすま、障子、格子戸などがあげられる。

● b　金属製建具工事

鋼・アルミ・ステンレス製などがあるが、アルミ製建具が一般的に用いられている。

2) ガラス工事

一般工事では独立させるが、木造住宅などの軽微な工事では建具工事に含める。ガラスの計測は、図5·71に示すように建具枠の内法寸法で行う。ただし、かまち、方立、桟などの見付幅が0.1mを超えるときは、その面積を差し引く。なお、額入り建具などのガラスの計測・計算は、設計寸法による。

ガラスの面積 ＝ 内法面積 － 0.1mを超える中桟の面積 ················(5·29)

表5·20　建具工事内訳明細書

種別		寸法	数量	摘要	種別		寸法	数量	摘要
木製建具					金属製建具				
①WD	居間　フラッシュ戸	800×180	1ヶ所		①AD	玄関　アルミ親子戸	1200×2100	1ヶ所	欄間付
②WD	居間　引違い戸ふすま	1700×1800	1ヶ所		②AD	浴室　アルミ折れ戸	800×1800	1ヶ所	
③WD	和室　引違い戸ふすま	1700×1800	1ヶ所		③AD	居間　アルミ引違い戸	1700×2300	3ヶ所	欄間付
④WD	洗面脱衣　ガラス戸	600×1800	1ヶ所		④AD	和室　アルミ引違い戸	1700×2300	1ヶ所	欄間付／外付
⑤WD	便所　フラッシュ戸	600×1800	1ヶ所		①AW	台所　アルミ引違い窓	1700×900	1ヶ所	
①WF	押入　引違い戸ふすま	1700×1800	1ヶ所		②AW	便所　アルミ引違い窓	1200×600	1ヶ所	
					③AW	浴室　アルミ引違い窓	1200×900	1ヶ所	

屋根 ▶ 左官 ▶ 塗装 ▶ 金属 ▶ 建具・ガラス ▶ タイル ▶ 内装 ▶ 雑

表 5・21 建具リスト

記号	種類 位置	①AD 玄関	②AD アルミ折れ戸 浴室	③AD アルミ引違い戸 居間	④AD アルミ引違い戸 和室4.5畳	①WD 片開きフラッシュ戸 居間	②WD 引違い戸ふすま 居間・和室
仕上			アルマイト処理	アルマイト処理	アルマイト処理	合成樹脂ペイント塗	化粧合板・カシュウ塗
ガラス		網入り $t=6.8$	型板 $t=5$	透明 $t=5$	透明 $t=5$		
見込み	数量	70　1	70　1	70　3	70　1	35　1	30　2
姿図		2100×1200	1800×800	1800×1700 (100,400)	1800×1700 (100,400)	1800×800	1800×1700

記号	種類 位置	③WD 片引きガラス戸 脱衣洗面室	④WD 片開きフラッシュ戸 便所	①WF 引違いふすま 和室4.5畳		No AW アルミ引違い窓		
仕上		合成樹脂ペイント塗	合成樹脂ペイント塗	化粧合板・カシュウ塗		アルマイト処理	No	$W×H$	数量
ガラス		型板 $t=5$	型板 $t=5$			透明 $t=5$	①AW	1700×900	1
見込み	数量	35　1	35　1	30　1		70	②AW	1200×600	1
姿図		1800×600	1800×600	1800×1700		$H×W$	③AW	1200×900	1

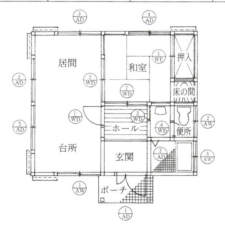

図 5・70 キープラン

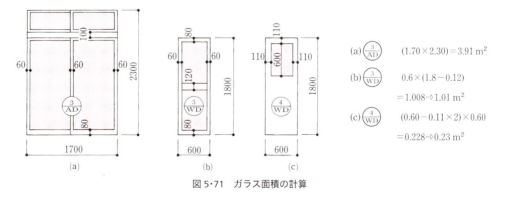

(a) ③AD　$(1.70×2.30)=3.91 \text{ m}^2$

(b) ③WD　$0.6×(1.8-0.12)$
　　　　　$=1.008 ⇒ 1.01 \text{ m}^2$

(c) ④WD　$(0.60-0.11×2)×0.60$
　　　　　$=0.228 ⇒ 0.23 \text{ m}^2$

図 5・71 ガラス面積の計算

5章　木造の積算　165

計算例 設計例の建具のガラス数量を求める。

・表5・21の ⓐ 居間、図5・71 (a)の場合

　かまち、桟の幅が100mm以下なので全面ガラスと考え、建具枠の内法寸法をそのまま用い、3.91m²となる。

・表5・21の ⓦ 洗面・脱衣室、図5・71 (b)の場合

　桟の幅が120mmなのでガラス面積から桟の面積を差し引き、式（5・29）より、1.01m²となる。

・表5・21の ⓦ 便所、図5・71 (c)の場合

　額入り建具は、設計寸法により、式（5・29）より、0.23m²となる。

❻ タイル工事の数量

　タイル工事としては、磁器・陶器・半磁器タイルなどを取り扱う。タイルの種類には、さまざまなものがあり、品種・寸法・施工箇所別に区分し数量を計測・計算する。

> 張付け面積 ＝ タイル下地モルタル塗り面積 ・・・・・・・・・・・・・・・・・・・・・・・・・・・・・・・・・・（5・30）

　なお、タイル工事の内訳の表示例を表5・22に示す。

　タイル工事の拾い出しについては、次のような点に注意して行う。

①主仕上の役物類の計測・計算は、設計寸法に基づく長さまたは箇所数を数量とする。

②主仕上の取付金物、モルタル、目地仕上などは、主仕上の構成部材とし、計測の対象としない。

③アスファルトタイル・樹脂タイル張りは内装工事で別途に計上する。

計算例 設計例の浴室部分のタイル数量を求める。

○壁面のタイル数量

　各面の面積は図5・72より計測・計算する。

　壁面には、陶器質タイル100×100を使用する。

　図5・72より、各壁面の面積は、

　北面 2.46m²　　東面 1.76m²　　南面 3.90m²　　西面 2.97m²　　窓の上・下端 0.42m²

　合計 11.51m²　となる。

○床面のタイル数量

　床面には、モザイクタイルを使用する。所要数量は図5・72より1.35m²。

❼ 内装工事の数量

　内装工事は主として内装材料による仕上げの数量を計測・計算する。

　内装工事の内訳の表示例を表5・23に示す。

1) 床：床仕上材を材種・等級・下地別に分けて、張付け面積を算出する。ビニール床シート、カーペットなどの数量は、設計寸法による面積とする。なお、畳については枚数とする。

> 張付け面積 ＝ 床面積 ・・・（5・31）

屋根 ▶ 左官 ▶ 塗装 ▶ 金属 ▶ 建具・ガラス ▶ タイル ▶ 内装 ▶ 雑

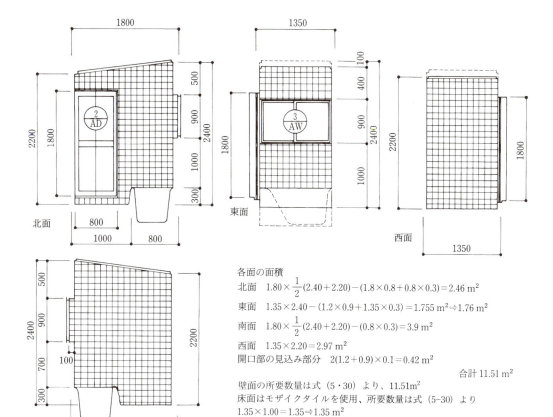

各面の面積

北面　$1.80 \times \frac{1}{2}(2.40+2.20)-(1.8 \times 0.8+0.8 \times 0.3)=2.46 \text{ m}^2$

東面　$1.35 \times 2.40-(1.2 \times 0.9+1.35 \times 0.3)=1.755 \text{ m}^2 \Rightarrow 1.76 \text{ m}^2$

南面　$1.80 \times \frac{1}{2}(2.40+2.20)-(0.8 \times 0.3)=3.9 \text{ m}^2$

西面　$1.35 \times 2.20=2.97 \text{ m}^2$

開口部の見込み部分　$2(1.2+0.9) \times 0.1=0.42 \text{ m}^2$

合計 11.51 m²

壁面の所要数量は式（5・30）より、11.51m²
床面はモザイクタイルを使用、所要数量は式（5-30）より
$1.35 \times 1.00=1.35 \Rightarrow 1.35 \text{ m}^2$

図 5・72　浴室タイルの数量計算

表 5・22　左官工事・タイル工事内訳明細書

		名称	摘要	単位	数量	単価	金額
左官	1	タイル下地モルタル塗　壁		m²	11.5		
	2	タイル下地モルタル塗　床		m²	1.4		
	3						
タイル	4	タイル張り　　　　　　壁	100角タイル	m²	11.5		
	5	タイル張り　　　　　　床	モザイクタイル	m²	1.4		
	6						

表 5・23　内装工事内訳明細書

	名称	摘要	単位	数量	単価	金額
1	フローリングブロック張り	居間	m²	14.5		
2	長尺塩ビシート	脱衣洗面室	m²	1.2		
3	縁甲板張り	ホール	m²	2.4		
4	プラスターボード	居間、台所、洗面室・浴室	m²	51.1		
5	ビニールクロス張り	居間、台所、洗面室・浴室	m²	51.1		
6	石綿セメント板	脱衣洗面室・浴室	m²	2.4		
7	硬質塩ビ板	浴室	m²	2.4		
8	カーテン取付け	居間	箇所	3		
9	畳	和室	枚	4.5		
10	床板	床の間	m²	0.8		

2) **幅木**：幅木は形状・寸法を明示して延べ長さ［m］を計上する。ただし、幅木が取付く壁の長さが 0.5m 以下、もしくは幅または高さが 0.05m 以下の場合には、壁の高さから差し引かない。なお、木製の場合は木工事で拾い出す。

3) **壁**：材種・等級別および下地別に分けて、張上げ面積を算出する。また、ジョイント工法、目透し工法、突付け工法などの工法ごとに区別して計算・計測する。

> 張上げ面積 ＝ プラスターボードなどの下地部分の面積 ·······················(5・32)

なお、化粧合板仕上げの場合は柄合せが必要となり、図 5・73 に示すように所要数量を計上する。

4) **天井**：材種・等級別および下地別に分けて、張上げ面積を算出する。

> 張上げ面積 ＝ 天井面積 ···(5・33)

なお、天井に付属するカーテン・ブラインド・暗幕などの数量は、建具類など開口部の内法寸法ごとの箇所数による。なお、必要があるときは面積とする。

5) **回り縁**：回り縁は形状・寸法を明示し、延べ長さを計上する。なお、木製の場合は木工事で拾い出す。

> 計算例 設計例の居間・台所の内装材の数量を求める。
>
> ・床：フローリングブロック張り（合板下地、$t = 12$）
>
> 　式（5・31）より、$5.40 \times 2.70 = 14.58\text{m}^2$　となる。
>
> ・壁：ビニールクロス張り（準不燃、プラスターボード［$t = 9$］下地）、一部タイル張り
>
> 　プラスターボード面積の合計は図 5・73 より、21.12m^2 となる。
>
> 　ただし、幅木の高さが 0.07m のため上記の規定により、幅木面積を壁面積の合計より差し引く。
>
> したがって、壁面積は、$21.12 - (8.6 \times 0.07) = 20.518$　⇨　20.52m^2　となる。
>
> ・天井：ビニールクロス（不燃、プラスターボード［$t = 9$］下地）
>
> 　床と同面積になるので 14.58m^2 となる。

8 雑工事の積算

雑工事の大半の項目は、半完成品として搬入され、現場で取付けを行えばすぐ使用できるものを取り扱う。また、煙突・門扉・断熱工事など、今までどの科目にも入らなかった軽微な工事なども計測・計算する。

雑工事の内訳の表示例を表 5・24 に示す。

1) 造付け家具類

流し台、吊り戸棚、浴槽、下駄箱などで、これらは各種の要素が複合した半完成品となっているため仕上ユニットとよばれ、**個数または箇所数を数量として計上する**。

仕上ユニットの記載例を図 5・75 に示す。

2) カーテンボックス・カーテンレール

規格品と特注品に区分して、長さ[m]または箇所数で計上する。

3) 煙突類

煙突、排気塔、換気扇、換気ルーバーなどで、それぞれの個数または箇所数を数量として計上する。

屋根 ▶ 左官 ▶ 塗装 ▶ 金属 ▶ 建具・ガラス ▶ タイル ▶ 内装 ▶ 雑

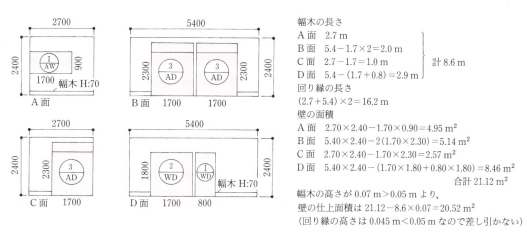

図 5・73　居間・台所の展開図

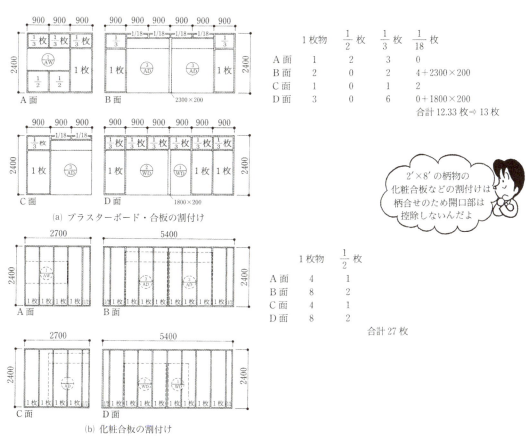

(a) プラスターボード・合板の割付け

(b) 化粧合板の割付け

図 5・74　居間・台所の合板割付け図

5 章　木造の積算　　169

4) 既製金物類

門扉、面格子、窓手すり、階段手すりなどの規格品の金物類で、長さ[m]または箇所数で計上する。

5) 断熱材類

外壁、屋根下の天井回りなどに充填する材料の面積[m²]を算出する。

一般には、外壁部分は外気に面する床面より軒桁上端まで、天井面は外気に面する屋根面下の室部分の面積を計上する。

外壁面 = 外周長さ × 床高より軒桁までの高さ − 開口部面積（0.05m² 以上）　……(5・34)

天井面 = 外壁で囲まれた部分の最大面積 − 天井面の開口部面積（0.05m² 以上）　…(5・35)

計算例　設計例の雑工事の数量を計上する。

・造付け家具類の数量

流 し 台：1200 × 550 × 800…1 ヶ所

吊り戸棚：2700 × 600 × 400…1 ヶ所

浴　　槽：1200 × 800 × 700…1 ヶ所

下 駄 箱：1300 × 900 × 400…1 ヶ所

・カーテンボックス類の数量

カーテンボックス：1800 × 150 × 150…3 ヶ所

カーテンレール　：$l = 1750$……………3 ヶ所

・煙突類の数量

換気扇：250 角…1 ヶ所

・既製金物類の数量

門扉：1700 × 1000…1 ヶ所

・断熱材の数量

グラスウール100mm を使用する。

外壁面の断熱材　図5・76 より、54.65m² となる。

天井面の断熱材　式（5・35）より、6.3m × 5.4m − 0m² = 34.02m²

合計 54.65m + 34.02m = 88.67m²　⇨　89m²　となる。

表 5・24　雑工事内訳明細書

	名称	寸法	単位	数量	単価	金額
1	下駄箱	1350 × 900 × 400	箇所	1		
2	流し台	1200 × 550 × 800	箇所	1		
3	調理台	900 × 550 × 800	箇所	1		
4	ガス台	600 × 550 × 600	箇所	1		
5	吊り戸棚	2700 × 600 × 400	箇所	1		
6	換気扇	250 角	箇所	1		
7	湯沸器	6 型	箇所	1		
8	浴槽　ステンレス製	1200 × 800 × 700	箇所	1		
9	便所（浄化槽）		箇所	1		
10	カーテンボックス	1800 × 150 × 150	箇所	3		
11	断熱材	グラスウール 100	m²	89		

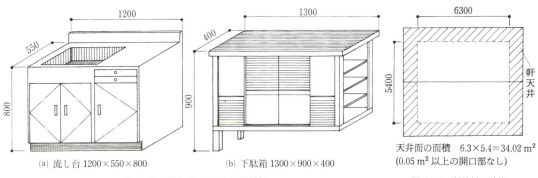

(a) 流し台 1200×550×800　　(b) 下駄箱 1300×900×400

図 5・75　仕上げユニットの記載例

天井面の面積　6.3×5.4＝34.02 m²
（0.05 m² 以上の開口部なし）

図 5・76　断熱材の計算

付表　諸経費の構成
(a) 現場経費の内容

名称	おもな内容
労務管理費	作業員の募集・解散に要する費用および作業用具や作業被服などの費用、衛生、安全・厚生そのほかの損害保険料
租税公課	印紙税および現場に賦課される事業税・自動車税などの租税・公課
保険料	火災保険料・運送そのほかの損害保険料
現場職員給与	現場職員の給料・諸手当・賞与など
法定福利費	現場職員および作業員に対する法定の各種保険料などの事業主負担額
福利厚生費	現場職員に対する慰安や娯楽そのほか貸与被服・医療・慶弔見舞いなどに必要な費用
事務用品費	事務用消耗品費および図書・新聞・雑誌などの購入費
通信交通費	通信費・交通費および旅費
交際費	来客接待費・各種会費、得意先に対する慶弔見舞い・中元・歳暮品などの購入費
補償費	隣接物や道路・河川などの毀損補償費、事故に対する補償費、完成工事補償費など
雑費	広告宣伝費・式典費など、その他上記のいずれの科目にも属さない経費

(b) 一般管理等の内容

名称	おもな内容
役員報酬	取締役・監査役に対する報酬
従業員給料手当	本店および支店の従業員に対する給料・諸手当および賞与
退職金	退職給与引当金繰入（くりいれ）額および退職給与引当金の対象とならない役員・従業員の退職金
法定福利費	健康保険・厚生年金保険・失業保険・労災保険など法定保険の保険料の事業主負担額
福利厚生費	慰安娯楽・貸与被服・医療・慶弔見舞いなどの福利厚生・文化活動に要する費用
修繕維持費	建物・機械・装置などの修繕維持費、倉庫物品の管理費など
事務用品費	事務用消耗品費、固定資産に計上しない事務用備品費、新聞・参考図書などの購入費
通信交通費	通信費・交通費および旅費
動力用水光熱費	動力・用水・光熱などに要する費用
調査研究費	技術研究・開発などの費用
広告宣伝費	広告・公告・宣伝に要する費用
営業債権貸倒償却	営業取引に基づいて発生した受取手形、完成工事未収入金などの債権に対する貸倒（かしだおれ）損失および貸倒引当金繰入額。ただし、異常なものを除く
交際費	来客の接待費、得意先に対する慶弔見舞い・中元・歳暮品費など
寄付金	
地代家賃	事務所・寮・社宅などの借地・借家料
減価償却費	
試験研究費償却	新製品または新技術の研究のため特別に支出した費用の償却費
開発費償却	新技術または新経営組織の採用、資源の開発、市場の開拓のため特別に支出した費用の償却費
租税公課	不動産取得税・固定資産税などの租税、道路占用料その他の公課
保険料	火災保険そのほかの損害保険料
雑費	社内打ち合わせなどの費用、諸団体会費および他の一般管理費科目に属さない費用
（営業外損益）	受取利息および割引料など
	支払利息および割引料など
（経常利益）	

5章　木造の積算　　171

索 引

〈あ〉

圧接継手......................................56

後の部分......................................16

一般管理費......................................8

一般管理費等配賦額......................................8

糸尺......................................158

内法枠材......................................154

埋戻し......................................18,24

運搬費......................................12

〈か〉

概算積算......................................6

外部造作材......................................150

重ね継手......................................56

仮設費......................................8

換算長さ......................................88

換算率......................................88

木拾い......................................134

共通仮設......................................8

首下長さ......................................86

計画数量......................................14

計算単価......................................12

建設発生土(不用土)処理......................................26

建築数量積算基準......................................12

現場経費......................................8

工事費......................................6

工種・工程別積算方式......................................10

工種別内訳......................................10

合成単価......................................10

工程......................................10

〈さ〉

材工単価......................................12

細目別内訳......................................10

材料費......................................8,12

先の部分......................................16

作業上のゆとり幅......................................20

仕上ユニット......................................168

市場単価......................................12

下請経費......................................12

締付け長さ......................................86

砂利敷き......................................28

受注者......................................12

職種......................................10

諸経費......................................8

所要数量......................................14

人件費......................................8

数量書......................................12

数量拾い......................................12

すき取り......................................18,24

整地......................................18,20

積算......................................6

積算の区分......................................16

積算の順序......................................16

施工計画......................................14

設計数量......................................14

節柱......................................84

節梁......84

総合仮設費......8

〈た〉
大科目......10
建具リスト......164
単位質量......86
単価......6
単価資料......12

地業......18,28
中科目......10
直接工事費......8

定尺......134
定着......56
鉄筋の割付本数......56

土工......18
床付け......18,24
塗装係数......160

〈な〉
内部造作材......152
均し(捨)コンクリート......30

人工......12

値入れ......12
根切り......18,20
根切り深さ......20
根切り床......24

法幅......20

〈は〉
排水......28
発注者......12

歩掛り単価......12
歩掛り表......12
葺上げ面積......156
複合費......12
部分別積算方式......10

〈ま〉
見積り......6

明細積算......6

盛土......18,26

〈や〉
山留め......26

溶接長さ......88

余幅......20

〈ら〉
労務費......12

〈わ〉
割石敷き......30
割増率......14

索 引　173

〈建築のテキスト〉編集委員会

● 編集委員長
　前田幸夫（大阪府立西野田工業高等学校）

● 編集委員
　植松清志（大阪府立西野田工業高等学校）
　植村典人（大阪府立西野田工業高等学校）
　大西正宜（大阪府立今宮工業高等学校）
　神野　茂（大阪府立西野田工業高等学校）
　小久保到（兵庫県立尼崎工業高等学校）
　増井久夫（大阪府立布施工業高等学校）

● 執筆者
　増井久夫（大阪府立布施工業高等学校）
　浅岡昌利（大阪府立西野田工業高等学校）
　岡本展好（大阪市立第二工芸高等学校）
　河村喜久男（大阪府立西野田工業高等学校）
　梶　　覚（大阪府立今宮工業高等学校）
　前田幸夫（大阪府立西野田工業高等学校）
　脇川敬司（大阪府立布施工業高等学校）

　（上記の所属校は初版時 [1996] 年のものである）

改訂版　初めての建築積算

2018 年 12 月 1 日　第 1 版第 1 刷発行
2024 年 3 月 20 日　第 1 版第 4 刷発行

編　者………〈建築のテキスト〉編集委員会
発行者………井口夏実
発行所………株式会社学芸出版社
　　　　　　　京都市下京区木津屋橋通西洞院東入
　　　　　　　電話 075 - 343 - 0811　〒 600 - 8216
　　　　　　　http://www.gakugei-pub.jp/
　　　　　　　info@gakugei-pub.jp
装　丁………KOTO DESIGN Inc. 山本剛史
印　刷………イチダ写真製版
製　本………新生製本
イラスト……木村芳子

© 〈建築のテキスト〉編集委員会 2018　　Printed in Japan
ISBN 978 - 4 - 7615 - 2693 - 1

JCOPY 〈㈳出版者著作権管理機構委託出版物〉
本書の無断複写（電子化を含む）は著作権法上での例外を除き禁じられています。複写される場合は、そのつど事前に、㈳出版者著作権管理機構（電話 03 - 5244 - 5088、FAX 03 - 5244 - 5089、e-mail: info@jcopy. or. jp）の許諾を得てください。
また本書を代行業者等の第三者に依頼してスキャンやデジタル化することは、たとえ個人や家庭内での利用でも著作権法違反です。

改訂版　初めての建築法規

〈建築のテキスト〉編集委員会 編

B5 判・192 頁・本体 2800 円＋税
建築基準法をはじめ、難解な建築関係法規が容易に理解できるよう、各条文の考え方や規定の内容について数多くの図版を用いて、やさしく解説した。終章では実例を示し、法令の諸規定の確認ができる演習問題を盛り込んだ。改訂版では近年の法規改正を改めてチェックし、防火・耐火、確認申請、耐震改修促進などの項目を見なおした。

改訂版　初めての建築環境

〈建築のテキスト〉編集委員会 編

B5 判・192 頁・本体 2800 円＋税
実績ある初学者向け定番教科書をいっそう親しみやすくなるよう改訂した。建築物をとりまく自然環境と都市環境の基本的な要素と、快適な室内環境をつくりだすために必要な方法をわかりやすく説いた。本文は簡潔な表現を旨とし、図版を多用して対応させ、基礎から体系的に学びたい初学者にも役立ち、楽しく学べるよう配慮した。

改訂版　初めての建築施工

〈建築のテキスト〉編集委員会 編

B5 判・192 頁・本体 3000 円＋税
実績ある初学者向け定番教科書をいっそう親しみやすくなるよう改訂した。木造在来軸組工法から鉄骨構造まで、工法・構造別に工事現場を想定し、施工計画の立て方から地業・基礎工事、仕上げ工事までを手順に従って解説し、各工法に共通する基本的事項を詳解した。建築施工現場の実態に即した解説と図版をまとめた基本テキスト。

改訂版　初めての建築構造力学

〈建築のテキスト〉編集委員会 編

B5 判・200 頁・本体 2800 円＋税
実績ある初学者向け定番教科書をいっそう親しみやすくなるよう改訂した。構造力学は苦手にする人が多いので、初めての人でもスムーズに学べるように導入部を工夫した。紙面構成は、問題を解くポイントをつかみやすくするために、数式による解法とともに数多くの図版をおいた。基礎から体系的に学びたい初学者に役立つ構成。

改訂版　初めての建築材料

〈建築のテキスト〉編集委員会 編

B5 判・184 頁・本体 2800 円＋税
初学者向けロングセラー教科書の大幅改訂版。旧版を最新規格等で見直し、各項目に手を入れた。各種構造材料、仕上材料から塗料、接着剤まで、建築に関するあらゆる材料について、種類、性質、用途、製造過程、施工例などを体系的に詳しく解説した。多彩な写真、図版や実験データをもとに、見開き構成でわかりやすくまとめた。

改訂版　初めての建築一般構造

〈建築のテキスト〉編集委員会 編

B5 判・180 頁・本体 2800 円＋税
実績ある初学者向け定番教科書を最新規準にそって改訂した。建築の構造を学ぶうえで、知っておかなければならない基礎的な知識を、木構造、鉄筋コンクリート構造、鉄骨構造を中心に、多くの図写真表を用いて詳しく解説した。各テーマの解説を 1 頁ごとにまとめたレイアウトで、親しみやすくわかりやすい記述に十分配慮した。

初めての建築構造設計　構造計算の進め方

〈建築のテキスト〉編集委員会 編

B5 判・240 頁・本体 3200 円＋税
鉄筋コンクリート構造と鉄骨構造の構造計算書を例示し、対面頁でその構造計算の具体的な手順を丁寧に解説した見開き 2 頁構成。特に重要な用語については、最終章でさらに詳しい解説を付した。数多くの図表と対話形式による解説を随所に取り入れるなど、親しみやすくわかりやすい記述に十分配慮した、初学者に最適なテキスト。

新装版　初めての建築製図　2色刷ワークブック

〈建築のテキスト〉編集委員会 編

A4 変判・112 頁・本体 2800 円＋税

木造2階建住宅と鉄筋コンクリート造2階建専用事務所を題材に、はじめて建築図面を描く場合の基本事項をわかりやすく解説した。平面図からはじまり、断面図・立面図・かなばかり図・伏図・軸組図・詳細図など、各種図面の作図順序を4〜8のプロセスにわけ、それぞれを色刷で示すことで迷わず描き進めるよう工夫をほどこしている。

初めての建築CAD　Windows版JW_CADで学ぶ

〈建築のテキスト〉編集委員会 編

A4 変判・168 頁・本体 3200 円＋税

『初めての建築製図』の CAD 版。木造住宅・RC 造事務所を題材に、平面図・立面図・かなばかり図などの作図プロセスを色刷りで明示し、CAD も製図も初学者という人が同時に学べるよう工夫した。また使用するソフトは、教育・実務で多くの人が使うフリーウェアとして定評があり、その操作マニュアルとしても役立つものとなっている。

初めての建築計画　住宅・集合住宅・事務所・幼稚園・図書館

〈建築のテキスト〉編集委員会 編

B5 判・192 頁・本体 3000 円＋税

建築計画を学ぶにあたり、まず必要となる計画のたて方・考え方を、見開き対応の豊富な図版と平易な文章で解説。建築計画の概要から、住宅・集合住宅・事務所・幼稚園・図書館といった用途別の建築物の計画を、演習と実例をふまえ学んでいく。既刊『初めての建築環境』との併用で、基礎から応用までを広く学べる最強のテキスト。

初めての建築設備

〈建築のテキスト〉編集委員会 編

B5 判・184 頁・本体 2800 円＋税

建築空間に快適環境を求める声はますます高まっている。建築物の近代化・高層化・大空間化に伴って、建築設備はそのウエートを大きくしている。本書は、建築設備を学ぶ初学者に向けて、建築設備の概要、空気調和設備、給排水衛生設備、電気設備のそれぞれ基本事項を、見開き構成で図版を多用して、わかりやすく解説した。

学 芸 出 版 社 ｜ Gakugei Shuppansha

📄 図書目録

📄 セミナー情報

📄 電子書籍

📄 おすすめの1冊

📄 メルマガ申込
　（新刊＆イベント案内）

📄 Twitter

📄 Facebook

建築・まちづくり・
コミュニティデザインの
ポータルサイト

✎WEB GAKUGEI
www.gakugei-pub.jp/